给孩子的
地理百科

从地球演变到世界各地的百科知识

给孩子的

地理百科

[美] 希瑟·亚历山大 著　　[美] 梅雷迪斯·汉密尔顿 绘　　刘恺 译

北京联合出版公司

Beijing United Publishing Co.,Ltd.

给孩子的地理百科

[美] 希瑟·亚历山大 著
[美] 梅雷迪斯·汉密尔顿 绘

刘恺 译

图书在版编目（CIP）数据

给孩子的地理百科 / (美) 希瑟·亚历山大著；
(美) 梅雷迪斯·汉密尔顿绘；刘恺译. -- 北京：北京
联合出版公司, 2022.4（2023.3重印）
ISBN 978-7-5596-5966-8

Ⅰ. ①给… Ⅱ. ①希… ②梅… ③刘… Ⅲ. ①地理一
世界一儿童读物 Ⅳ. ①K91-49

中国版本图书馆CIP数据核字(2022)第030374号

A CHILD'S INTRODUCTION TO THE WORLD

By Heather Alexander
Illustrated by Meredith Hamilton

北京市版权局著作权合同登记号：图字01-2022-0426号
内文地图审图号：GS（2021）7172号
封面地图审图号：GS（2022）1785号

出 品 人	赵红仕
选题策划	联合天际
责任编辑	夏应鹏
特约编辑	佟 一
封面设计	孙晓彤
美术编辑	陈 玲

未小读
UnRead Kids
和世界一起长大

出 版	北京联合出版公司
	北京市西城区德外大街83号楼9层 100088
发 行	未读（天津）文化传媒有限公司
印 刷	河北彩和坊印刷有限公司
经 销	新华书店
字 数	90千字
开 本	889mm×1194mm 1/12 8印张
版 次	2022 年4月第1版 2023年3月第2次印刷
I S B N	978-7-5596-5966-8
定 价	128.00元

客服咨询

献给丽芙和菲，还有乔——你们是我的全世界。

——希瑟·亚历山大

献给我曾有幸居住过的地方：得克萨斯州奥斯汀市、纽约布鲁克林、

缅因州波特兰市库欣岛、法国巴黎、新加坡。

——梅雷迪斯·汉密尔顿

目 录

自然地理全知道

人文地理面面观

自然地理全知道

我现在在哪儿

不妨想象一下：某天早晨醒来，你身处一个陌生的地方。你不知道自己是如何来到这里的，也不知道为什么会这样。（请你配合一下，好吗？）这里没有人，也没有建筑，你什么都认不出来。

"我到底在哪里？"你发出了尖叫。

你没有手机，只能靠自己。那现在怎么办呢？你得利用周围的环境来寻找线索。于是，你决定到处走走。这里有山丘和山谷吗？土地平坦吗？你注意到这里有一些植物和动物，你记录下了天气和气温。附近有水源吗？是海水还是淡水？你发现一条溪流，然后做好标记，这样下次就能很快找到它。你用木棍在土地上写写画画，把了解到的新环境的情况都记录了下来，这样你就能记住这些信息。

线索一：土地

注：图中所示温度为华氏度，80华氏度约等于26.7摄氏度。

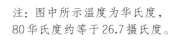

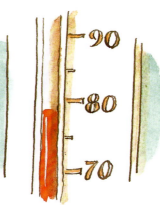

线索二：气温

线索三：植被

线索四：动物

虽然你还是被困在一个陌生的地方，但你对自己所处的新环境已经有了一些了解。为什么这么说呢？因为你刚刚已经运用到地理学知识了！

有些人认为学习地理就是记住各个国家所处的位置和首都的名字，其实它包含的内容远远不止这些。"地理"（geography）这个词源于希腊语，"geo"的意思是"地球"，"graphy"的意思是"写或描述"，所以，"geography"的意思是"描述地球"。有人说地理学是一门用于解释发生在地球表面的一切的学科。哇，这个话题太大了！不过不用担心，我们一步一步来。

一般来说，任何可以标示在地图上的内容都属于地理知识，比如气候、地貌、海洋、岩石、矿物、植物，以及生活在各地的动物和人。

大多数地理学家（研究地理的人）都在试图回答以下三个问题：

1. 我们在哪里？
2. 我们为什么在那里？
3. 我们为什么要关心这个问题？

在这本书中，我们会找到答案。我们将一起探索世界——从最大的海洋到最干旱的沙漠，再到最小的国家；我们会了解地图如何制作而成，以及怎样看懂它们；我们会了解如何判断自己此刻所处的位置，顺便看看那些你向往的地方；我们还会了解作为个体的人和地球之间会有什么样的互动。

世界不仅指地域，也与人类息息相关。我们的世界是由许多不同的民族和国家组成的，每个民族都有自己的风俗和传统。在你看来很正常的事情，可能在地球另一端的某个孩子看来是不可思议的。要想了解一个国家或者一个民族，最好的方式就是了解它的文化，包括语言、节日、食物和生活方式等。

不过，有一件事我们不打算做——我们不会谈论你难以理解的知识，以免你感到厌烦。学习地理就是了解世界，它是一件有趣的事情。它与你身处的土地有关，与你居住的国家有关，与你阅读的故事有关，与你在电视上看到的那些遥不可及的地方有关。

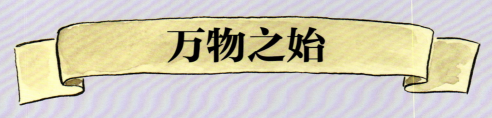

万物之始

我们从地球的形成开始说起。科学家发现了一些非常古老的岩石，并测算了它们的年龄，由此判断出地球大约有 46 亿年的历史。46 亿写成数字就是下面这样：

4 600 000 000

那可真古老呀！可能你还是没有概念，这么说吧：大约2.3亿年前，恐龙开始在地球上漫步；而大约20万年前，人类才出现在地球上；世界上第一架飞机则是在100多年前发明的。

太阳系的第三颗行星

地球是浩瀚宇宙中的一颗行星，我们所处的地方属于太阳系。太阳系有八颗行星，它们都围绕一颗超级恒星——太阳旋转。在这八大行星中，地球距离太阳第三近，地球的个头排第五位。太阳系与大约 1000 亿颗恒星一起，组成了银河系。如果你在一个晴朗的夜晚遥望天空，会发现所有的星星汇在一起，就像是泼洒了一地的牛奶。因此，银河系的英文名是 Milky Way（牛奶之路）。除此之外，还有很多非常遥远的星系（我们也不知道到底有多少），它们和银河系一起构成了宇宙。

地球是我们的家园

迄今为止，我们所知道的唯一可供人类、动物和植物生存的星球就是地球，这是因为地球的大气层中含有我们赖以生存的氧气。我们可以把大气层想象成环绕地球的一块"空气毯"，它能保护地球上的所有生物免受太阳的炎烤，以及其他来自"天外来客"的伤害。这就像你躺在床上时，只要盖好被子，就会觉得安全、舒适一样。

为什么地球被称为蓝色星球？

你看过宇航员在太空拍摄的地球照片吗？在那些照片上，地球的大部分区域都是蓝色的，还有一点点绿色。蓝色的是什么？当然是水。地球表面约71%的区域都被水覆盖着。地球上有这么多水，那应该被称为"水球"才对！而绿色的部分就是陆地，地球总共有六块大陆。

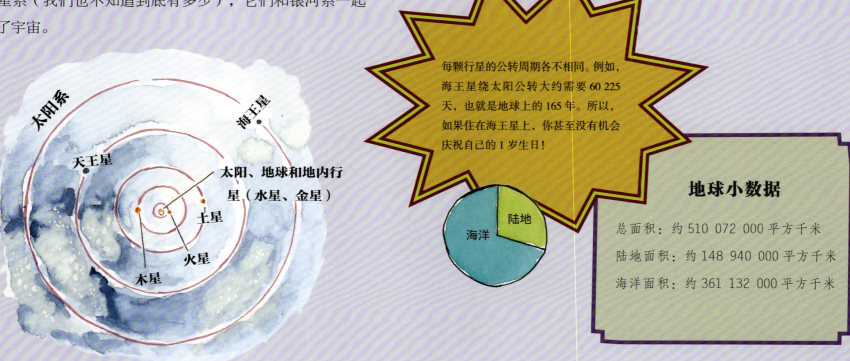

太阳系

海王星

天王星

太阳、地球和地内行星（水星、金星）

土星

火星

木星

每颗行星的公转周期各不相同。例如，海王星绕太阳公转大约需要 60 225 天，也就是地球上的 165 年。所以，如果住在海王星上，你甚至没有机会庆祝自己的 1 岁生日！

陆地

海洋

地球小数据

总面积：约 510 072 000 平方千米

陆地面积：约 148 940 000 平方千米

海洋面积：约 361 132 000 平方千米

银河系

我们的太阳系

闰年和闰日

　　地球绕着太阳公转。地球围绕太阳转一圈的长度约为 9.4 亿千米，转一圈大约需要 365.25 天，这段时间就是我们所说的一年。但是，每年都会多出四分之一天（0.25 天），这会出现什么情况呢？如果我们忽略它，这些多余的部分累积起来，就会出现季节和月份不对应的情况。因此，一个名叫尤利乌斯·恺撒的人（恺撒大帝）决定每四年增加一天，多出来的一天算作 2 月 29 日。为什么是 2 月 29 日呢？因为在很久以前，历法上会以 2 月作为一年的结束，所以就把这一天加在 2 月 28 日之后。我们把多一天的那一年称作"闰年"，多出来的那一天（2 月 29 日）称作"闰日"。

白天和黑夜

　　地球在绕着太阳旋转的同时也在自转。地球每 24 小时绕地轴自转一圈，地轴是我们想象出来的穿过地心的一根轴。地球自转时，带着我们从白天转到黑夜，又转回到白天。这是因为在地球自转时，太阳光只能照亮地球的一半。白天、夜晚有规律地交替登场，我们就既有上学、工作和玩耍的时间，也有休息和睡觉的时间了。

趣味计算 ¼天 + ¼天 + ¼天 + ¼天 = ⁴⁄₄天 = 1 天

地球时间

绕地轴自转 1 圈 = 1 天

绕太阳公转 1 圈 = 1 年

白天

黑夜

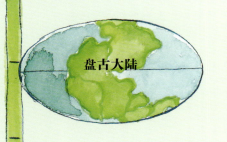

盘古大陆

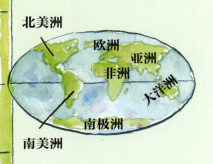

北美洲
欧洲
亚洲
非洲
大洋洲
南极洲
南美洲

你现在已经知道了地球在不停地旋转,但你知道地球上的陆地和海洋都在移动吗?

如果你有一个纸地球仪,你会发现地球上的各个大陆可以拼接到一起。例如,南美洲可以与非洲南部拼接到一起,而北美洲可以与非洲北部拼接到一起。

科学家认为,在 2.5 亿年前,地球上的陆地还没有分开,整个地球上只有一整块被水环绕的大陆。一位名叫阿尔弗雷德·魏格纳的德国地质学家(通过岩石研究地球历史的人)称这个超大陆为盘古大陆(pangaea),这个词在希腊语中的意思是"所有的土地"。

盘古大陆呈"C"形,陆地从地球的一端延伸到另一端。所以,在恐龙生活的时代,它们很可能会在地球的两极之间来回漫游呢!

为什么万物都在移动?

地球由地核、地幔和地壳三层构成。

地壳由大约 20 个巨大的板块组成,我们将它们称为构造板块。这些板块就像巨大的木筏,漂浮在地幔上。地幔的巨大热能和压力使板块不断向各个方向移动,这种现象被称作大陆漂移。在过去的 2.2 亿年间,板块渐渐漂移到了现在的位置。

地壳是最外面也是最薄的一层。它由土壤和岩石组成。我们所行走的陆地和海洋下面的陆地都是地壳的一部分。

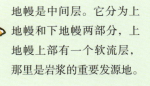

地幔是中间层。它分为上地幔和下地幔两部分,上地幔上部有一个软流层,那里是岩浆的重要发源地。

地核位于地球的中心,由外核和内核两部分组成。外核由液态物质构成,内核主要由固态的重金属构成,是地球最热的部分。地核内核的温度比太阳的表面温度还要高。

这些板块怎么知道要漂向哪里？

　　板块确实不知道自己要漂向哪里。有时，板块之间互相摩擦或碰撞，导致地震和火山爆发。有时，板块之间发生正面碰撞或挤压，板块的边缘重叠起来，就会形成山脉。例如，印度曾经是一个独立的大陆。大约1.2亿年前，它开始向北移动，逐渐与亚欧大陆连接起来。事实上，它很可能猛烈地撞击过亚欧大陆，喜马拉雅山脉就是在这样的撞击后形成的。

我们现在还在移动吗？

　　我们现在还在移动吗？是的。准确地说，是漂移。板块每年仅移动1~10厘米，这个速度比手指甲生长的速度还要慢，所以你感觉不到。印度半岛每年都会向北移动一点，所以喜马拉雅山每年都会上升2.5厘米左右！地质学家认为，大西洋正在扩大，而北美洲大陆正在远离亚欧大陆和非洲大陆。他们还说，澳大利亚大陆正在向北移动，将与亚欧大陆相撞。不过，如果你现在住在澳大利亚，暂时不需要拿出你的安全头盔，因为这件事至少还需要1亿年才会发生。一些地质学家预测，在2.2亿年后，地球上的大陆又会变成一个新的"原始大陆"。那时候，世界该有多小呀！

世界构造板块

来当"巧克力地质学家"吧

　　现在让我们通过一块巧克力，看看板块是如何运动的吧。

　　1.首先把手洗干净，然后在餐巾纸上放一块士力架巧克力。你知道士力架的哪一部分对应地球的哪一层吗？

　　士力架的最外层对应地球的地壳。

　　焦糖层对应地幔。

　　浅棕色层（也就是牛轧糖的部分）对应外核。

　　士力架的底层对应的则是内核。

　　2.用手指在士力架的脆皮上敲几下，这些脆皮就是板块。

　　3.轻轻握住士力架的两端，把它掰断、拉扯开，然后将拉扯开的两半边对边地摩擦，再把两半士力架拼接到一起。你感受到板块是如何碰撞、如何分离的了吗？这就是地球的板块运动。

　　4.别忘了吃掉"地球"，美味得很呢！

人们怎么发现地球是圆的

假如你生活在几千年前，那时的世界和现在可不一样，人们没有电视，没有电脑，没有汽车。也许你住在一个小村庄里，从来没有去过步行到不了的地方。你在村里往四面看，所有的道路都很平坦。所以，你可能认为地球也是平的。

哦，我要穿越时空告诉你，它不是！

那么，人们是如何发现真相的呢？

亚里士多德的发现

亚里士多德是一位生活在公元前4世纪的古希腊哲学家（哲学家致力于寻找生活中所有难题的答案）。他在研究月球时，发现了月食。月食是一种天文现象，当地球挡住了太阳照射到月球的光线时，就会产生月食。亚里士多德观察到月食发生时，月亮上投射出来的地球的影子是圆的。亚里士多德是个聪明的家伙，他知道只有圆形的物体才能投射出圆形的影子。

因此，地球是圆的，而不是平的。

亚里士多德

世界平坦得就像一片树叶。

哥伦布不是证明过地球不是平的吗？

你也许要问，哥伦布不是证明过地球不是平的吗？没错，不过亚里士多德生活的时代可比哥伦布早了一千多年。公元150年，天文学家克罗狄斯·托勒密绘制了第一张世界地图，他还写了一本关于地球是球体的著作，阐述了"地球是圆的"这一观点。但是，很多人认为亚里士多德和托勒密错了，并且他们还说服了其他人。很快，亚里士多德

听我的没错，地球是平的，你一不小心就会掉下去。

和托勒密的著作就被人扔掉或藏起来了。几百年后，人们忘记了亚里士多德和托勒密，再次相信地球是平的了。

接下来，克里斯托弗·哥伦布出场了。1479年，哥伦布在葡萄牙的一个海岛上画地图时，偶然发现了托勒密绘制的地图，听说了"地球是圆的"这一理论。他还从一些出过远门的人那里听说了富饶的印度。当时，欧洲人要去亚洲，必须经过漫长而艰难的旅程，穿越许多高山和沙漠（这被称为"丝绸之路"）。哥伦布确信他能通过向西航行，跨越大洋，

更快地到达印度。他说服西班牙女王给他提供补给——3 艘大船（"尼娜号""平塔号"和"圣玛丽亚号"）和 88 名船员，开始了一次探险之旅。他的目标不是要证明地球是圆的（这一点他已经知道了），而是要找到一条更快的路去获得财富。1492 年 8 月 3 日，哥伦布起航了。

1492 年 10 月 12 日，哥伦布和他的船员登上了一个小岛，这个小岛被命名为圣萨尔瓦多（属于巴哈马群岛）。哥伦布坚定地认为这里就是印度，但这里不仅不是，而且和印度还隔着十万八千里呢。哥伦布不知道他"发现"了新大陆，这块大陆不久后被称为"美洲"。

哥伦布为什么会搞错地方呢？

哥伦布使用了托勒密的地图，地图上显示的周长，也就是绕地球一圈的距离，比实际距离要少 11 000 千米。所以，可怜的哥伦布以为亚洲离他们比较近。而且，他也不知道有大片的陆地（北美洲和南美洲）挡在了他和目的地之间。

麦哲伦完成了首次环球航行

亚里士多德从理论上证明了地球是圆的，托勒密和哥伦布也用他们的方式证明了这一点。最终，斐迪南·麦哲伦的一次环球航行，终结了所有关于地球是否平坦的争论。

麦哲伦是一位葡萄牙探险家，他在 1519 年从西班牙向西航行，到达东印度群岛，这是哥伦布曾经尝试过的路线。然后，麦哲伦和 200 多名船员穿过了南美洲，进入了太平洋。1521 年，麦哲伦在菲律宾登陆，当地人向他射出毒箭，杀死了他。在那之后，麦哲伦的船员继续航行。1522 年，在他们离开西班牙 3 年后，18 名船员终于又回到了这里。这是人类的第一次环球航行，它向所有人证明了地球真的是圆的。

当哥伦布抵达巴哈马群岛时，大约已经有 4000 万人生活在美洲大陆上。哥伦布说他发现了一块新大陆，但是，这个地方已经有数千万人在这里生活，又怎么能称得上真正的"发现"呢？

哥伦布的航线
丝绸之路
麦哲伦的航线

我本来想绕地球航行一圈，但我把地球想得太小了，所以没有完成计划……

我在航行中途不幸遇难了，还好我的船员替我完成了环球航行。

克里斯托弗·哥伦布

斐迪南·麦哲伦

住在一个球上是什么感觉

在所有的探险家和科学家都认同"地球是圆的"这一说法之后，人们需要建立一个判断体系，确定不同地方所处的确切位置。

东、南、西、北在哪里？

方向指的是你所面对的方位。基本方向有四个：东、南、西、北。它们对应的英文首字母分别是：E（East）、S（South）、W（West）、N（North）。

如果你面朝北，那么，南面就在你身后，西面在你的左边，东面则在你的右边。

为了帮助人们记住基本方向，英文中有一个有趣的说法：永远不要吃蠕动的虫子（Never Eat Squirmy Worms）（注：这句话每个单词的首字母分别对应英文中"北""东""南""西"的首字母，而它们正好是按顺时针方向排列的）。

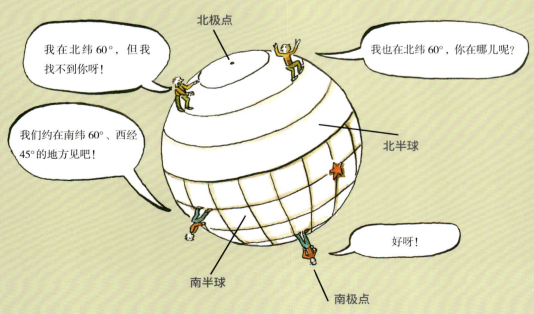

我在北纬60°，但我找不到你呀！

北极点

我也在北纬60°，你在哪儿呢？

我们约在南纬60°、西经45°的地方见吧！

北半球

好呀！

南半球

南极点

怎么测量一个球？

假设你手里拿着一个红色的弹力球，请把它想象成地球。如果你想知道自己所在的具体位置，或者想知道自己离一个想去的目的地有多远，你该怎么做？想想看，球可是没有棱角和边的，那么选择哪里作为测量点呢？回忆一下，你还记得人们假想出来的地轴吗？地轴的两端是北极和南极（球的顶部和底部），这两个极点就可以作为测量点。

现在你再想象一条线，它围绕着弹力球或者说地球的正中心，我们称这条线为赤道，赤道把地球分成相等的两半。赤道上面的那一半叫北半球，赤道下面的那一半叫南半球。你生活在哪个半球呢？

怎样描述你住在哪里？

你住在哪里？你的回答可能是一条街道或者一个城市的名字。可是如果你不住在一条街上呢？如果你要向一个住在地球另一端的人描述你的住址，而他完全不了解你所在的城市和街道，你该怎么说呢？

这就是经度和纬度可以解决的问题。经度所在的经线是垂直线，纬度所在的纬线是水平线，经线和纬线相交，就形成了无数坐标。只要你知道某个地方的经度和纬度，那么不管这个地方是在沙漠腹地还是海洋中，你都能在全球坐标系统中找到它。

纬度——南北方向的位置

假设有人在赤道上方和下方画了很多与赤道平行

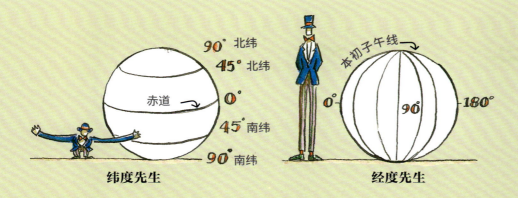

纬度先生　　　　　　　　　　　经度先生

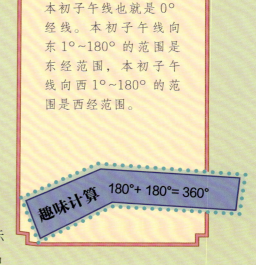

趣味计算　180°+ 180°= 360°

的等距离的线，这些线就被称为纬线（或平行线）。如果从赤道到极点的度数共有 90°，那么纬线与赤道相距的度数就是纬度，我们用纬度来测量某个地方向南或向北距离赤道有多远。纬度的范围是从赤道向北 90° 处到从赤道向南 90° 处。

赤道的纬度是 0°。
北极在北纬 90° 处。
南极在南纬 90° 处。

　　假设有人告诉你，在北纬 10° 的地方有宝藏，你想把它挖出来，那么你要先找到赤道，再找到北纬 10° 的纬线。等一下，这条纬线绕地球一圈呢，宝藏所在的地方可能是这条纬线上的任何地方。所以，在你确定南北方向的位置（纬度）后，你还需要确定东西方向的位置。该怎么做呢？

经度——东西方向的位置

　　经线在北极和南极之间穿梭，也被称为子午线。想想南瓜的模样，它就很像一个布满了经线的地球。每条经线都会穿过赤道，但是两条经线之间的距离并不相等。经度是指某地所在的经线与本初子午线的夹角大小。本初子午线也是一条想象出来的经线，它穿过英国的格林尼治，它的东西两边分别被定为东经和西经。之所以选择格林尼治作为经度的起点，是因为那里曾经有一座著名的天文台。

　　经度的度量采用 360° 制，因为一个球体旋转一圈的度数是 360°。

找到宝藏的位置了

　　假设宝藏所在地的坐标为北纬 10°、西经 30°。你已经找到了北纬 10°，现在你需要找到本初子午线，然后向西移动 30°（这就是经度），宝藏就埋在这两条经纬线交叉的位置。现在你手指的地方是海洋。没错，宝藏就埋在这里，快租一艘船或者潜艇，去搜寻宝藏吧！

著名地标的坐标

珠穆朗玛峰　27° N　86° E
美国大峡谷　36° N　112° W
大堡礁　　　18° S　146° E
泰姬陵　　　27° N　78° E
埃菲尔铁塔　48° N　2° E

0° 经线和 0° 纬线上的国家

　　本初子午线上有 8 个国家，它们分别是：英国、法国、西班牙、阿尔及利亚、马里、布基纳法索、加纳和多哥。

　　赤道上有 11 个国家，它们分别是：巴西、哥伦比亚、厄瓜多尔、印度尼西亚、索马里、肯尼亚、乌干达、刚果民主共和国、刚果、加蓬、圣多美和普林西比。

时间是怎么确定的

趣味计算　360° ÷ 24 = 15°

你是怎样计算时间的？时间可以用分钟来计算、用天来计算、用季节来计算，也可以用年来计算。在时钟和日历出现之前，人们通过太阳记录时间的流逝。

时区是什么？

在一天中，太阳位于天空中最高位置的时候就是正午。那么，全世界的正午时间是同一时间吗？不是的，因为地球一直在转，所以太阳不可能同时在洛杉矶和巴黎都处于最高位置。

1884 年，人们决定创建一个国际计时系统。在那之前，很多人就是通过看看天上的太阳在哪里来猜测时间的。如果现在是下午 5 点半，而你以为是 6 点，这也没什么大不了的，早点吃晚饭有什么关系呢？但是铁路和电报出现后，时间的精确性就变得重要起来。想想看，人们如果靠猜测时间来安排火车时刻表的话，那么火车很可能在铁轨上相撞。

因此，各国领导人和科学家在美国华盛顿召开了一次会议。他们把世界分成 24 个部分，每个部分代表 1 小时（因为一天有 24 小时）。这些区域被称为时区，每个时区在经度上相距 15°，因为地球每小时旋转 15°。

时区与太阳照射到地球表面的位置有关。打个比方，美国波士顿是中午的时候，哥伦比亚的波哥大也是中午。这是因为尽管波哥大在波士顿的南方，但两个城市所处的经度位置是相同的。而这在纬度上是行不通的。洛杉矶和纽约的纬度几乎相同，但是当纽约是下午 5 点的时候，洛杉矶的时间是下午 2 点。为什么？因为洛杉矶与纽约相距 3 个时区，也就是经度 45°。

趣味计算　15° x 3 = 45°

洛杉矶，美国，星期日晚上 10 点

伦敦，英国，星期一早上 6 点

莫斯科，俄罗斯，星期一早上 9 点

河内，越南，星期一下午 1 点

纽约，美国，星期一凌晨 1 点

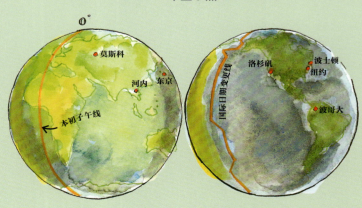

东京，日本，星期一下午 3 点

西 ←———→ 东

你能同时跨越两天吗？

假设你一路向东，一小时跨越一个时区，最后回到你启程的地方，那么时间还是你出发的时间吗？你又要重新开始同一天吗？想象一下，在学校重复同样的一天，不好玩吧！

人们原本也不知道该怎么决定一天的起点和终点，所以开了一次重要的国际会议来研究这个问题。会议规定，180°经线为国际日期变更线。这条线被用来标志新的一天的开始，比如星期日变成星期一。

如果你站在国际日期变更线上向西前进，那么你可能会迈入新的一天。

如果你站在国际日期变更线上向东前进，那么你可能会回到前一天。

如果你把两只脚分别踏在国际日期变更线的两边，那你就同时身处两天之中！

国际日期变更线穿越太平洋，绕着斐济群岛拐了个弯，这样斐济就不会被分成日期不同的两个区域。

谁在夏天过圣诞节？

你知道澳大利亚的孩子是在夏天庆祝圣诞节的吗？是的，在 12 月 24 日的晚上，圣诞老人不得不把他的红色夹克留在雪橇上，穿着游泳裤去南半球送礼物。世界上不同地方的时间不一样，不同地方的季节也会不一样。在北半球，夏天是 6 月、7 月和 8 月；而在南半球，夏天是 12 月、1 月和 2 月。

四季的出现是因为地球是倾斜的

地球总是向一边倾斜，地轴也是倾斜的，倾斜角度为 23° 左右。出于这个原因，地球绕太阳公转时就出现了季节的变化。它的原理是这样的：太阳释放的热量总量不变，如果太阳直射某个地方，这里就会变得很热，这时的季节就是夏天；如果太阳以一定的角度斜射某个地方，那里就可能会冷一些，那时的季节就是冬天。例如，6 月时，太阳直射北半球，而此时南半球得到的太阳光线较少，所以那里很冷。如果地球不倾斜的话，那么就只有一个季节。

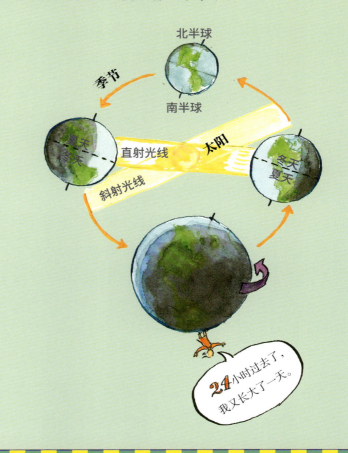

北半球
南半球
季节
夏天冬天
直射光线 太阳
斜射光线
冬天夏天

24 小时过去了，我又长大了一天。

"手电筒太阳"

请你将一个电量充足的手电筒（当作太阳）带进黑暗的房间或壁橱。打开手电筒，让手电筒直射地板或其他平坦的地方，你会看到一圈明亮的光。现在，请你站在原地，将手电筒举高一点，你会发现照在地板上的光线没有那么亮了，因为手电筒光线覆盖的范围更大了，光的能量也就没有那么强了。

每幅地图都是一个故事

每幅地图其实都是一个栩栩如生的故事。从地图上，你可以看到一场战争中谁胜谁负，看到人们如何开疆拓土，看到那些伟大的旅程或是正在计划中的旅行，你甚至还能从地图上看到一场流行病如何传播。

最早的地图是由穴居人用棍子和石头在泥地上绘制的。他们用符号来表示树木、山脉或其他地标。可是，一旦下雨，地图不就被雨水冲刷掉了吗？或者你走到半路时，不记得在长毛猛犸象旁边要左转还是右转怎么办？

很快，人们学会了使用不同的材料制作可以随身携带的地图。比如，在黏土上画地图，地图在太阳的炙烤下可以很快变硬；或者将地图刻在石碑上，又或者用浆果汁在兽皮或丝绸上画地图、在芦苇上编织地图，直到在纸上印刷地图，再到将地图储存在电脑里。英语中的"map"（地图）一词来自拉丁语"mappa"，意思是"布"。

当人们记路不再用面包屑做记号，而是改用地图之后，人们绘制地图的水平也越来越高。制作地图的人被称为制图师，他们几乎可以在地图上表示所有东西，包括世界各地的降雨量、全球火山的分布、哪些地方的冰淇淋最受欢迎，等等。最常见的地图有以下几种：

自然地图
海拔高度（单位：英尺＊）

![自然地图]

| 3000-4500 | 1800-3000 | 1200-1800 | 600-1200 |

自然地图主要显示地形和水体，它基本上涉及了一个地区所有的自然状况。有一种自然地图是地势图，它能在地图上呈现出地形的高低。

＊ 1 英尺约为 0.3 米。

政治地图
国家、主要城市和高速公路

托皮卡　堪萨斯城　威奇塔

政治地图主要展示人们是如何划分世界的。在政治地图上，你会看到许多地区的边界。

主题地图
美国堪萨斯州 1960—2007 年的龙卷风情况

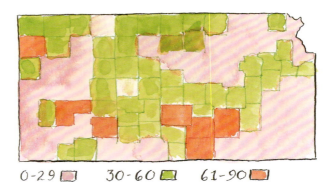

| 0-29 | 30-60 | 61-90 |

主题地图展示特定主题的信息，如天气、人口、宗教、语言等。

如何看懂地图

假设在一个你从未去过的地方，有一场很棒的音乐会，而你有一张前排座位的票。你要去听音乐会，有三种选择：（1）在街上游荡的时候，幸运地遇到尖叫的粉丝；（2）向路人求助（并祈祷他们没指错路）；（3）看地图。如果你想顺利地赶上音乐会，看地图当然是最佳选择。那么，怎么看地图呢？

符号是地图的密码，它们是一些包含着丰富信息的简笔画。为什么用符号的形式呢？因为地图上没有足够的画图空间。

解开这些符号之谜的"钥匙"在地图的一角，那里会显示符号所代表的含义，我们把它们称作"图例"。

地图是按照一定的比例缩小绘制而成的，你可以根据比例判断一个地方到另一个地方的距离。我们要怎么理解比例呢？举个简单的例子，如果你要搭建一个玩具屋，房屋的实际大小和玩具屋的大小之间就存在一定的比例。假设你的卧室宽3米，而你按照1:10的比例来搭建玩具屋的话，那么玩具屋的宽度应该为3分米。本书中的比例有的用比例尺表示，有的则是一个比数或分数。分子（通常为1）代表的是地图上的距离，分母（数值大的数字）则表示实际距离。

有的地图上会有一朵"罗盘玫瑰"。显然，它并不是真正意义上的花，只不过在很久以前的航海时代，人们把它画成了有很多尖角的样子，因此看起来像一朵玫瑰花。"罗盘玫瑰"指示了东、南、西、北四个基本的方位，如果你知道四个基本方位，就能很快找到中间方位。顾名思义，中间方位位于基本方位之间。例如，南方和西方的中间方位就是西南方，明白了吧？

大多数地图都是北方在上，南方在下，其实这没有什么严格的科学依据。你把世界地图倒过来看，它也没错，只不过看起来有点怪怪的，对吧？

画地图会用到什么交通工具？

地图通常是以俯视的角度来显示某个区域，这个视角叫作鸟瞰，这就好比一只翱翔天际的鸟儿在俯瞰大地。在18—19世纪，地图绘制者为了更好地观察河流、山川和海岸线的全景，会乘坐热气球升到空中。到了20世纪，他们就能乘坐飞机俯瞰大地了。从20世纪50年代开始，地图绘制者使用相机记录地理状况，由此发展出了航空摄影学，这门学科对地图制图的发展起了重要作用。

20世纪50年代后期，人造卫星出现在了离地球数百千米的太空中，它们拍摄了许多地球的照片，这些照片显示出来的细节令人震撼。同时，人造卫星能拍到人类难以抵达的地方的照片，比如热带雨林和北极地区，因此人造卫星对地图的绘制也起到了重要的作用。

会说话的地图

在你父母的车中，有会说话的地图吗？那其实是全球定位系统（GPS）接收器，它能帮我们快速找到目的地。在地球上空，有20多颗GPS卫星绕轨道飞行。每颗卫星都有自己的轨道，它们会向地球发出无线信号。这里所说的无线信号不是让收音机播放音乐的那种信号，而更像是一种蜂鸣的声音。你的GPS接收器至少能接收到4个不同卫星的信号，以分析你此刻所处的位置，然后告诉你接下来该怎么走。

为什么手机导航会知道该走哪条路？

在20年前，如果一家人打算驾车去拜访远方的亲戚，他们会在出发前打开地图，用笔标好驾车路线。而如今，他们只需要在手机上打开一款地图APP，就可以通过语音导航了解驾车路线了。地图APP是怎么知道如何去梅丽莎姨妈家的呢？首先，地图APP会把出发地和目的地转换成经纬度坐标，这叫作地理编码。然后，地图APP会找出所有从你家到梅丽莎姨妈家的路线。最后，它会根据限速情况、交通状况、弯道和红绿灯的数量，选出最快、最便捷的那一条。是不是很神奇？

来画张地图吧！

假设你邀请一个新同学放学后来你家玩，但是你妈妈那天很早就接你去看牙医了，所以这个同学不得不独自从学校走到你家，但他不认识路。那他要怎么去你家呢？你有办法了——给他画一张地图。让我们来试一试吧。

1. 准备一张白纸。现在假设你正在一架飞机上俯瞰你居住的街区，你会看到什么？请在这张纸的正中间，画出街区中心。

2. 接下来，画出你家和学校。思考一下它们之间的位置关系，以及它们和街区中心的位置关系。然后，用尺子画出你家和学校间的所有道路。

3. 思考一下，学校和你家之间有哪些地标建筑？有邮局、银行、商店、公园或消防站吗？请把它们用符号的方式画在地图上。

4. 添加自然界线，如溪流、树木、田野；以及人为界线，如铁路、高速公路。

5. 在地图下方列出图例，解释你画的符号的含义。再画一个标示基本方向的方向标。

预祝你的地图能成功地把新同学带到你家门前！

北
西 东
南

学府路
学校
解放路
平安路
幸福路
园林街
友谊路
我家
我会一直等你！

图例

糖果商店

小吃摊

银行

交警执勤点

公园

难闻的银杏树

0 千米 .1

高低起伏的陆地

陆地只占地球不到三分之一的面积，但人们花了很多精力研究陆地。为什么？简单地说，那是因为我们生活在陆地上。而且，陆地非常壮观。大自然赐予了地球令人惊叹的地貌——高山、低谷、深谷、冰川等。

山脉、山丘和高原

让我们从高处开始。山是指高出周围土地 300 米以上的陆地。山脉遍布世界各地。位于喜马拉雅山脉的珠穆朗玛峰是世界上最高的山峰，海拔 8848.86 米，大约相当于 20 座纽约帝国大厦叠在一起的高度。山脉通常高耸入云，因此即使山脚下的气温比较高，山峰或山顶也可能被雪覆盖着。

山丘和高原则是另外两种地貌。它们也是高高隆起的陆地，不同之处在于它们顶部的形状。山脉顶部是锯齿状的，山丘顶部是圆形的，高原则是海拔较高的平地。这就好比发型，你的发型可能是尖尖的莫西干头、西瓜头，也可能是平头。

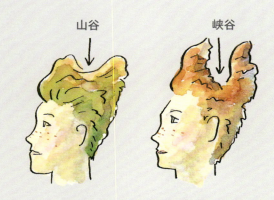

山谷　峡谷

山谷和峡谷

两座山之间的低地叫作山谷，边缘非常陡峭的狭窄山谷被称为峡谷。峡谷的底部通常有一条河流或小溪。山谷和峡谷是风或水侵蚀地面而形成的。位于美国亚利桑那州的大峡谷就是由于科罗拉多河数百万年的侵蚀和地形抬升而形成的，大峡谷的平均深度可达 1.6 千米。

雪峰
山峰
云层

山脉　　　山丘　　　高原

世界各洲最高的山

亚洲：珠穆朗玛峰（中国、尼泊尔），8848.86 米

南美洲：阿空加瓜山（阿根廷），6962 米

北美洲：迪纳利山（美国阿拉斯加州），6194 米

非洲：乞力马扎罗山（坦桑尼亚），5895 米

欧洲：厄尔布鲁士山（俄罗斯），5642 米

南极洲：文森峰，4897 米

大洋洲：查亚峰（印度尼西亚），5029 米

嘶嘶嘶……

你是不是打开了一瓶汽水?

当冰山融化时,气泡会使冰体发出"嘶嘶"的声音。

所有地貌都在变化之中

所有的地貌都在不断变化。变化是由侵蚀、天气和人为因素引起的。大部分的变化都非常缓慢,以至于我们从来没有注意到它的发生。每一滴雨都会以某种方式改变地貌,雨水冲刷土壤,导致土粒分散,移动到其他地方。强风和水流侵蚀着地表,使地表变得平滑,甚至可以改变地形。你有没有捡过河底光滑的石头?它们那么光滑,是因为河水的冲力把它们磨圆了。至于人为因素,人们为了建造房屋、修建道路而砍伐树木,这改变了地表形态,导致水土流失。

冰川是怎么形成的?

有些陆地不是由泥土、岩石或沙子构成的,比如冰川,它是一大块缓慢移动的冰。大多数冰川位于两极附近,不过,每块大陆上都有冰川。冰川的形成需要数千年的时间。如果一个地方常年迎来一场又一场的降雪,旧雪被新雪压得很紧,就会变成坚硬的冰。降雪越来越多,就会形成厚厚的冰川。在厚重冰层的作用下,冰川会像一条缓慢的河流那样移动。当冰川入海后,一整块冰断裂,就形成了冰山。

风　雨水　人类活动

最大的冰川

世界上最大的冰川是南极洲的兰伯特冰川,它宽64.4千米、长400千米,面积比北京市还要大。

你看到的冰山永远只是冰山一角

冰山几乎有90%的部分隐藏在水下,人们看到的冰山只是它的10%,也就是人们所说的"冰山一角"。航行的时候遇到海洋中的冰山可能会很危险,因为水手们无法看到整座冰山。1912年,著名的"泰坦尼克号"巨轮撞上了一座冰山,船体被撞出一个洞,因此沉入大海。如今,有一支特别的国际巡逻队监控着冰山,以避免类似事故发生。

江河湖海知多少

你对水了解多少呢？好吧，你肯定知道它是湿的，但是你知道80%的生物都是在水中被发现的吗？

水有两种：淡水（你可以喝的那种液体）和咸水。海洋中的水就是咸水。地球上的陆地被分成七个大洲，那么海洋有多少个呢？

a. 四个

b. 一个

c. a 和 b 都正确

c 是正确答案。其实可以说地球上只有一个海洋，但是人们把它分成了四个较小的海洋：太平洋、大西洋、印度洋和北冰洋。

关于四大洋
大西洋

· 第二大海洋

· 面积约 7676 万平方千米

· 占地球表面积的近 20%

· 拥有世界上鱼类资源最丰富的海域

北冰洋

· 面积最小的海洋

· 面积约 1400 万平方千米

· 拥有世界上约 4% 的水量

· 终年结冰

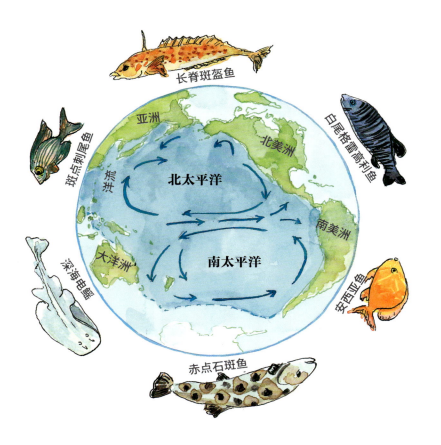

长脊斑鳋鱼

斑点刺尾鱼

白尾格雷高利鱼

深海电鳐鱼

大洋鲨

亚洲

北美洲

南美洲

洋流

北太平洋

南太平洋

安西亚鱼

赤点石斑鱼

印度洋

· 第三大海洋
· 面积约 7000 万平方千米
· 拥有世界上约 20% 的水量
· 有 5000 多个岛屿
· 大部分区域在赤道以南

海洋小辞典

海的范围比海洋要小，海的部分区域被陆地环绕。

海湾是指大部分被陆地环绕的海域。

岛屿属于陆地，它比大陆小，四周都被水环绕。

群岛指的是距离较近的一系列岛屿，比如夏威夷岛就是一个群岛。

半岛是三面环水的陆地，它的形状通常看起来像手指。意大利就是一个半岛。

半岛

海湾

海

岛屿

群岛

海湾

海洋之最

最咸的海：红海

最温暖的海湾：波斯湾

太平洋

· 世界上最大、最深的海洋
· 面积约 1.81 亿平方千米
· 拥有世界上约 46% 的水量
· 比地球上所有陆地的总面积还大

地球上只有 1% 的水是可利用的

人如果没有食物，植物如果没有肥料，还可以坚持一段

时间，但要是没有淡水，大部分生物很快就会死亡。可是，你知道地球上约 97% 的水都是咸水吗？假设地球上所有的水都能装在一个容量为 3 升的牛奶罐子里，那么按比例算下来，罐子里只有一勺的水是淡水！海水不能饮用，也不能用于浇灌农作物，而世界上大部分淡水又冻结在冰川中，或者深埋于地下，无法取用。所以，地球上只有约 1% 的水是可以比较方便地利用的。

咸水变淡水

海水蒸发成水蒸气后，会留下盐。所以当大气中的水蒸气以降雨的形式返回地面时，这些雨水是淡水。把海水变成可饮用淡水的过程称为脱盐。你也可以将咸水变成淡水哦！

1. 你可以取一杯海水，也可以自己制作一杯盐水——将2茶匙盐溶解到1杯淡水中。

2. 将制作好的盐水倒入一个大的平底锅中。

3. 把它带到户外有阳光照射的地方或放在温暖干燥的地方。

4. 等待。

5. 继续等待。你可能需要等上好几天。

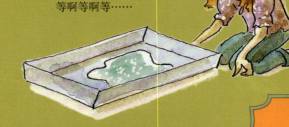

我可以用它来煮点什么吗？

等啊等啊等……

几天后，等水都蒸发了之后，留在锅里的就是盐了。

河流湖泊之最

最长的河流：尼罗河（非洲）

水量最丰沛的河流：亚马孙河（南美洲）

最大的湖：里海（欧洲/亚洲）

最冷的湖：沃斯托克湖（南极洲）

淡水来自雨水、融化的雪和冰川，它还存在于河流、小溪和湖泊中。较大的河流通常发源于高山，然后往低处流，直到流入一个湖泊、一片海或其他大型水体中。在古时候，大多数人把他们的家建在河边，这样便于灌溉庄稼、发动机器，也便于划船去河流的上游或下游进行贸易活动。许多著名的城市都是沿河而建的，比如伦敦、纽约、巴格达、开罗、巴黎、上海、维也纳等。

流汇成一条大河或"江"。河流流经的区域被称为流域。

并不是所有的河流都从北向南流。它们只是从高处流向低处，也就是说，地心引力决定了它们的流向。

从小溪到大江大河

只要下雨，没有被土壤吸收的水就会流入沟渠或溪流。小溪汇聚在一起，就形成了小河。小河汇集在一起，就变成了中等流量的河流。中等流量的河流也被称作支流，几条支

河流和湖泊的关系有多紧密？

河流和湖泊的关系就像薯条和番茄酱那样密不可分。湖泊是被陆地包围的水体。河流和湖泊之间是相通的，有些河流发源于湖泊，有些河流最后汇入湖泊。有些湖泊很大，能被风吹起大浪；有些湖泊很浅，甚至浅到底部长出的水生植物都清晰可见，这样的湖泊被称为池塘。

据联合国估计，全世界有21亿人没有干净的饮用水！

溪流

小河

分水线

支流

江

大部分湖泊是淡水湖，但也有一些是咸水湖，比如里海、死海、青海湖和美国犹他州的大盐湖。

丰富多样的
生态系统

科学家把地球分成了不同的生态系统。由于气候和地貌不同，每个生态系统都有特定的植物和动物种类。生态系统与某片大陆或某个国家无关，它们遍布全球，每个生态系统都是独一无二的。如果一个生态系统发生了变化，比如某种植物停止生长，那么这种变化就会影响到这个生态系统中的所有生物。要了解一个生态系统，你得了解它的气候和地理状况。

气候和天气有什么不同？

"气候"和"天气"不是一回事。

天气是指窗外正在发生的气象变化。

气候是一个地区在很长一段时间内的天气状况。

气候带的划分主要是由阳光和雨水的多少决定的。地球被分为三个气候带：热带、寒带和温带。赤道附近的气候终年炎热（热带），两极的气候终年寒冷（寒带），其他地方的气候冷热交替（温带）。

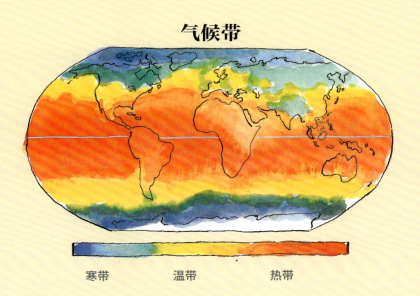

气候带

寒带　　温带　　热带

世界上主要的陆地生态系统有哪些？

沙漠是降雨量很少的地方（每年平均降雨量少于 250 毫米），所以这里几乎没有什么植被。沙漠里的许多动物都是夜行动物——它们在酷热的白天睡觉，在凉爽的夜晚出来活动。撒哈拉沙漠是世界上最大的沙漠，面积为 900 多万平方千米，横穿北非，接近整个中国领土的面积！世界上最高的气温记录——58℃就出现在撒哈拉沙漠。不过，不是所有的沙漠都很炎热，但它们一定都很干燥。

被持续破坏，那是非常可怕的事情，因为没有树木就没有氧气，也就没有动物和人类。

草原是水草丰茂的广阔土地，它通常处于森林和沙漠的过渡地带。草原上树木稀少，经常刮风，也很干燥（不过没有沙漠那么干燥）。

苔原是非常寒冷的生态系统，位于北极附近。苔原的地面被称为永久冻土，因为它们几乎永远处于冰冻状态，很少有植物或动物能在那里生存。

森林有三种常见的生态系统：常绿阔叶林、落叶阔叶林和针叶林。阔叶林的叶面较大，针叶林的叶面较小。落叶阔叶林广泛分布于赤道和两极之间，因为有四季变换，所以落叶阔叶林中树叶的颜色会变化，而常绿阔叶林和针叶林的树叶颜色则不会明显变化。针叶林一般位于纬度较高的区域，那里气候寒冷，特别是在冬季。出于气候原因，针叶林里的动物也比较少。

雨林是气候非常潮湿的森林，那里有许多不同种类的植物和动物。雨林里几乎总是在下雨。（这就是它被称为雨林的原因！）南美洲的亚马孙雨林是世界上最大的热带雨林，也是世界上动植物种类最多的地方。亚马孙雨林的树木占全世界树木总量的三分之一以上。但自1970年以来，超过60%的雨林被砍伐或烧毁，用于修路或建筑。如果雨林

不同生态系统中的动物

苔原

驯鹿　　北极熊

阔叶林

棕熊　　浣熊　　松鼠

沙漠或丘陵

犰狳　　袋鼠　　狐獴

针叶林

驼鹿　　猞猁　　狼

草原

大象　　长颈鹿　　狮子

雨林

眼镜蛇　　黑猩猩　　大猩猩

不堪重负的地球

地球上有多少人？来，猜一下，看你猜得准不准。据地理学家估计，全球人口已经超过 70 亿人。

哇，这么多人共享一个星球！等等——不对。这个数字一直在变化，因为这个世界每分钟就有 250 多个婴儿出生，100 多人死亡。也就是说，每分钟出生人数是死亡人数的约 2.5 倍。每周世界人口都会增加 100 多万人。联合国预测，到 2050 年，世界人口将达到 97 亿人。

人口数量为什么增长得这么快？

直到 19 世纪，人口增长速度都比较平缓（1850 年全球人口约为 10 亿人）。但接下来，医疗水平逐步提高，人们的健康水平不断提升，物资供应越来越充足，受教育的机会越来越多，工业化水平越来越高，生活水平也越来越高。于是，人们的寿命更长，生了更多孩子，孩子们长大后又孕育了下一代，生生不息。

人们都住在哪里？

亚洲是人口最多的大陆，世界上每 10 个人中就有 6 个生活在亚洲。

如果一个国家很大，那么你肯定会认为它有很多人，对吧？俄罗斯和加拿大是国土面积最大的两个国家，但它们的人口却不多，为什么呢？因为尽管俄罗斯和加拿大幅员辽阔，但适宜人们居住的地方很少，那里的大部分地区都非常寒冷！

全球化时代

假设你在网上发现一个日本小孩正在卖一本很棒的漫画书，如果你想要这本书，可以发邮件给他，把钱通过转账的方式付给他，他就会把漫画书寄给你。这就是全球化——全世界的人都能互相联系。要知道，就在不久以前，只有日本的孩子才能第一时间了解到日本出版的漫画书信息。在电话、飞机、互联网、全球物流出现以前，人们的交流基本上限于国内。而如今，时间、空间甚至语言的差异都变得不那么重要，世界上的每一个人都离我们更近。我们更了解其他的文化，我们生产的商品可以销售到世界各地，我们还可以观看国际体育赛事的现场直播。全球化好吗？有人说它使人们变得更穷，有人说它让战争停止，也有人认为它渐渐消除了每个国家独特的传统习俗。你怎么看呢？

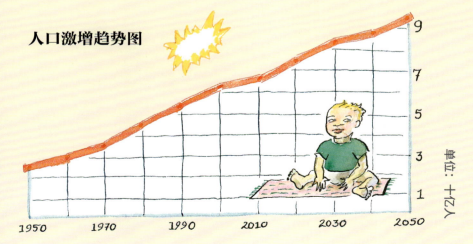

人口激增趋势图

1950 1970 1990 2010 2030 2050

十亿：单位

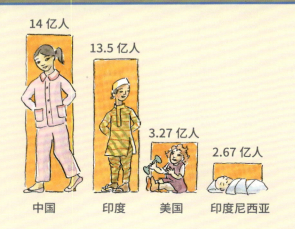

14 亿人　13.5 亿人　3.27 亿人　2.67 亿人

中国　印度　美国　印度尼西亚

城市、农村和郊区

除了被冰川覆盖的南极洲外，每个大洲都有原住民。地球上有些地方非常拥挤，而有些地方则完全没人居住。我们用人口密度来描述这种状况，人口密度就是每平方千米居住的人口数量。以下三种类型的区域都是基于人口密度划分的：

城市人口密集。世界上有一半的人生活在城市中。城市是指建筑物紧密相连，并且有许多公共交通工具的地方。

你住在什么类型的区域呢？

地球能养活多少人？

假设你带一个朋友回家吃晚饭，那么妈妈只要在餐桌上多准备一套餐具就好。

农村有很多土地。农村的房屋之间距离比较远，那里的人口也较少。

郊区是城市周围的地区。许多住在郊区的人都在城市工作。

如果你带 10 个同学回家吃饭，妈妈虽然很累，但还是能勉强让每个同学吃饱。但是，如果你把全校同学都带回家吃饭，妈妈肯定就受不了了，因为你家没有足够的食物供每个同学吃，他们只能饿着。毕竟，每个特定的地方只能为一定数量的人提供食物和能源。如果人太多，那么某些动物和植物就会灭绝，因为它们还没来得及长大，就被人类吃掉了。大多数科学家认为，地球只能养活 80 亿到 110 亿人。那么，我们该怎么办呢？

我们需要的是新的生活方式——多保护、少消耗。想想人一生中消耗或使用的东西：食物和包装、衣服和玩具、电子游戏和电子产品、开车或乘坐公共汽车的时间、从地球那里索取的自然资源，以及扔给地球的垃圾。为了获取更多的食物、更多的住所和更多的东西，森林被砍伐，海洋被污染。我们改变着这个星球，拿走了那些永远不会再生的东西。其实，我们都应该更多地重复利用物品，少制造一些垃圾，这样才能确保社会可持续发展下去。

文化如何影响我们

你今天早上吃了什么呢？在中国，你可能吃的是包子和稀饭；在美国，你可能吃的是鸡蛋和麦片；在日本，你可能喝了味噌汤、吃了米饭；在以色列，你可能吃的是黄瓜和番茄；在澳大利亚，你可能吃的是吐司和意大利面。

你是什么样的人，你的行为和饮食习惯如何，这在很大程度上取决于你处于什么样的文化背景。文化影响了你的生活方式。所有人的日常生活都离不开吃饭、睡觉和交流，而我们吃着不同的食物，说着不同的语言，在不同的地方睡觉。文化

赋予了每个群体独特之处，也使彼此区分开来。除了食物、住所和语言，同一种文化还孕育出共同的艺术、神话传说、发明、节日庆典、信仰和风俗。

我们在日常生活中一点一点地受到文化的浸染。没有谁生来就知道如何握手或问候别人，也没有谁生来就会说汉语或英语。我们从家人、老师以及生活在我们周围的人那里学到这些东西。所以，文化是一代一代传下去的。

世界各地打招呼的方式

打招呼属于文化习俗，没有所谓打招呼的正确方法。在一种文化中被认为好的打招呼方式，在另一种文化中可能会被认为很粗鲁或者很奇怪。

比利时：互相问候时，互相亲吻脸颊三次。

贝宁：年轻人通常会在握手时打响指。

印度：互相问候时双手合十，微微低头。

日本：人们互相问候的方式是弯腰鞠躬。

韩国：人们互相问候时只是微微鞠躬。

莫桑比克：在这个国家的北部，很多人在说"你好"之前会拍三次手。

新西兰：毛利人部落用碰鼻子的方式互相问候。

索马里：这里的人们不说"早上好"，而是说"你昨晚过得好吗？"。

泰国：人们打招呼时，双手合十放在胸前。手抬得越高，表示你对打招呼的对象越尊重，不过注意双手的高度不要超过眼睛哦。

美国：人们握手时会看着对方的眼睛说"你好"。

各地的生日习俗

最值得庆祝的日子是什么？当然是你的生日啦！生日几乎是全世界的人都会庆祝的一个日子。世界上很多地方的孩子在生日的时候都会吃蛋糕、点蜡烛，还会唱生日歌。除此之外，各地还有一些独特的生日习俗。

阿根廷：女孩会在 15 岁生日那天，和她的父亲跳华尔兹舞。

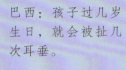

巴西：孩子过几岁生日，就会被扯几次耳垂。

加拿大：在加拿大东部，大家会追赶过生日的孩子，一旦被抓住，他的鼻子就会被涂满黄油以示好运。

中国：人们会给过生日的孩子下一碗长寿面吃，象征"长命百岁"。

丹麦：如果谁家有人过生日，屋外就会插上一面小旗子。

印度：女孩会在生日那天穿着彩色裙子去学校，并给大家分发巧克力。

日本：在生日那天，孩子会穿一身新衣服。

墨西哥：人们把用包装纸做成的"皮纳塔"（一种糖果箱）挂起来，过生日的孩子会用棍子把它戳破，糖果和礼物就会撒落出来。

尼泊尔：孩子过生日时，人们会在他的额头上粘一粒红色湿糯米，以祈求好运。

俄罗斯：大部分孩子过生日时不吃蛋糕，而是吃生日馅饼。

越南：很多人的生日都在新年第一天庆祝。

你受到什么文化的影响，通常取决于你居住的地方或你的父母、祖父母甚至曾祖父母生活的地方。如果你住在南方，你所接触的文化就是南方的文化。但是，如果你的祖父母来自北方，而且他们还会为你烹煮北方人的食物，那么，你就会吸收到一种亚文化。如今，尽管人们在世界各地频繁迁徙，他们通常还是保留了许多来自祖先的文化传统。你的家庭文化传统有哪些呢？

人文地理面面观

世界七大洲

现在你已经对陆地、海洋，以及所有构成自然地理的基本要素有了初步认识。接下来，我们仔细看看七大洲都是什么样子的吧。

"洲"和"大陆"是不同的概念。全世界有六块大陆——亚欧大陆、非洲大陆、南美大陆、北美大陆、南极大陆、澳大利亚大陆，而全世界有七大洲：亚洲、欧洲、非洲、北美洲、南美洲、大洋洲和南极洲。亚洲和欧洲都处于亚欧大陆，在地图上看，欧洲就像是亚洲的一部分。

每个洲都有许多国家（除了南极洲）。国家一般是指由一个政府管辖的地区。它是独立的，这意味着它不受其他国家的控制。现在，世界上有近200个独立的国家。

不同国家的领土形状和大小都不同。世界上国土面积最

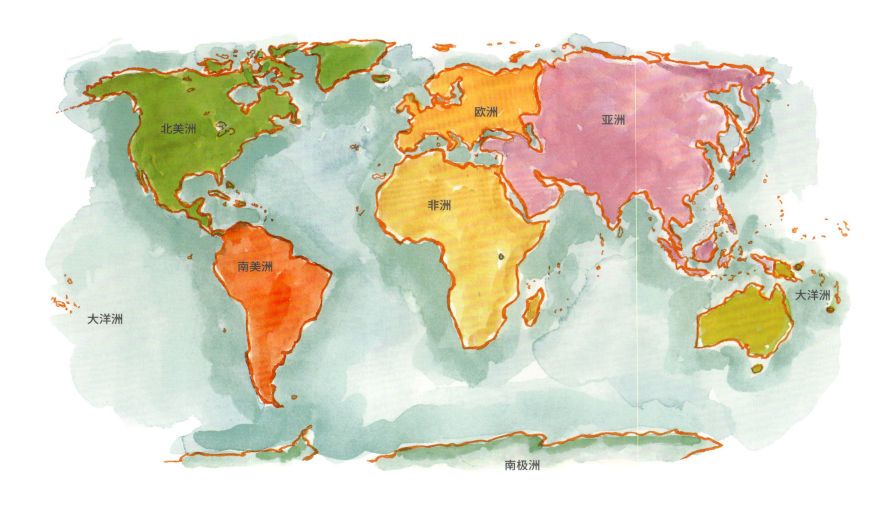

大的三个国家是俄罗斯、加拿大和中国，最小的三个国家是梵蒂冈、摩纳哥和瑙鲁。

有些地区看起来像一个国家，但实际上不是，它们没有完全独立，而是由一个更强大的国家来治理，比如法属圭亚那。

每个国家都有城市。城市是指有很多人和商业体的区域，城市的大小各不相同。纽约市是世界上面积最大的城市之一，它占用的土地面积堪称世界之最。印度的孟买，中国的北京、上海，都是世界上人口非常密集的城市，它们的人口都超过了2000万人。意大利的蒙塞尼西奥市据说是最小的城市，注册人口只有 30 人左右，这可能比你们班的人还要少！

首都通常是一个国家最重要的城市，但不一定是最出名的城市。

美国的首都是华盛顿，但它最出名的城市可能是纽约。

澳大利亚的首都是堪培拉，但它最出名的城市应该是悉尼。

除了城市，每个国家还有很多城镇和村庄。城镇一般比村庄大，比城市小。

自然边界和人为边界

在地图上，一条线可以分隔两个国家或两个城市，这叫作边界。但是当你坐在车中，妈妈说"我们刚离开法国，现在在比利时"时，你为什么没有看到街道上有粗粗的黑色分界线呢？其实，边界有两种：自然边界和人为边界。

自然边界是指自然界中天然存在的界线，河流、海洋或山脉都能成为自然边界。例如，莱茵河是德国和瑞士的天然分界线。

人为边界与自然边界相对应，最常见的人为边界就是地图上的国境线。妈妈为了阻止你和你的兄弟姐妹吵架而在汽车后座上画的线，也属于人为边界。

自然边界　　　　　人为边界

很多著名的城市都有标志性建筑物哦！

奇奇怪怪的城市名

来看看这些奇怪的城市名吧，它们都是真实存在的哦！（注：括号内为城市名的含义）

鲁恩斯维尔（"疯狂之地"），美国

米德尔法特（"中途放屁"），丹麦

艾格贝肯湾（"鸡蛋和培根湾"），澳大利亚

维普（"懦夫"），美国

布格城（"鼻屎城"），美国

古斯城（"鸡皮疙瘩"），美国

拜克塞得（"背面"），英国

迪瑟波（"失望"），美国

圣塔克劳斯（"圣诞老人"），美国

贝尔波顿（"熊的屁股"），美国

哈特海德（"帽子头"），澳大利亚

波克乔普（"猪排渣渣"），加拿大

普克（"呕吐"），阿尔巴尼亚

斯皮特尔（"吐口水"），英国

最高点：
迪纳利山
（美国阿拉斯加州）

美国

加拿大

格陵兰（丹）

最大的国家：
加拿大

最大的湖：
苏必利尔湖
（美国、加拿大）

最低点：
死亡谷
（美国加利福尼亚州）

美国

最长的河流：
密西西比河（美国）

大西洋

太平洋

墨西哥

墨西哥湾

最小的国家：
圣基茨和尼维斯

巴哈马

古巴

海地　多米尼加

牙买加

加勒比海

人口最多的城市：
墨西哥城（墨西哥）

伯利兹

洪都拉斯

危地马拉

萨尔瓦多　尼加拉瓜

哥斯达黎加　巴拿马

北美洲

北美洲所在的北美大陆是世界第三大的大陆，但在历史上很长一段时间内，世界上其他地方的人都不知道它的存在。当然，数百万原住民早就生活在那里——这一点以前也没人知道。当欧洲探险家终于乘船驶向大西洋彼岸，才发现了这块巨大的陆地，他们称之为"新大陆"。从那以后，北美洲逐渐发展成世界上最富裕的地区之一。

北美洲是美国、加拿大、墨西哥、加勒比海地区和格陵兰岛（属于丹麦）的所在地。北美洲东侧是大西洋，西侧是太平洋。落基山脉是这里最大的山脉，它从美国阿拉斯加州延伸到加拿大，然后纵贯美国西部，最后进入美国新墨西哥州，全长超过 4800 千米。落基山脉属于比较年轻的山脉，雪峰多呈锥形，景色瑰丽。

北美洲的居民大多是移民。移民是指移居到一个新国家的人。大多数移民来到北美洲是为了给自己和家人争取更好的生活，但并不是所有人都是主动选择来到这里的。从 1619 年到 1808 年，许多黑人被当成奴隶从非洲贩卖到美国。直到 1865 年，奴隶制才被废止。

"美洲"名字的由来

为什么这里被称为"美洲"？这一切都要归功于一位名叫马丁·瓦尔德塞米勒的德国地图绘制者。他告诉大家，哥伦布并没有到达亚洲，而是发现了一块未在地图上标示的大陆。1507 年，他绘制了一张地图，标出了这块新大陆，并将其命名为"美洲"（America），以纪念继哥伦布之后到达新大陆的意大利探险家阿美利哥·维斯普西（Amerigo Vespucci）。虽然哥伦布是第一个到达那里的探险家，但是维斯普西才是第一个意识到自己到达的是新大陆而不是亚洲的人。在那之后，瓦尔德塞米勒的地图流行开来（这正好是印刷机被发明的时候，所以人们喜欢复制东西）。很快，全欧洲的人都称这块新大陆为"美洲"。几年后，瓦尔德塞米勒说他犯了一个错误，应该用哥伦布的名字来命名这块新大陆。但那时已经太迟了——大家都已经接受并喜欢上"美洲"这个名字了。

"哥伦布洲"这个名字会不会更合适……

美国

阿拉斯加州

太平洋

美利坚合众国（USA，简称"美国"）是一个面积广阔的国家，它被划分成 50 个较小的部分，也就是 50 个州。美国各州及其人民遵守美国的宪法。每个州都可以制定地方法律，并派众议员在国会中代表本州发言。

美国横跨整个北美洲。当人们谈到美国本土时，指的是北邻加拿大、南邻墨西哥、东邻大西洋、西邻太平洋的 48 个州。阿拉斯加州和夏威夷州与其他州都不相连。阿拉斯加州毗邻加拿大的西北部，夏威夷州是太平洋上的火山群岛。美国东西跨度很大，跨越 6 个时区。

美国的首都是华盛顿哥伦比亚特区（Washington DC，简称"华盛顿"），它位于弗吉尼亚州和马里兰州之间的波多马克河岸边。DC 是哥伦比亚特区的英文缩写。华盛顿是一座城市。它既不是一个州，也不属于任何州，因为美国早期的立法者认为，美国的首都最好独立于任何一个州。美国是民主制国家（这意味着每个成年人都有选举权），每四年选举一次总统，总统住在白宫里。1776 年 7 月 4 日，美国政府宣布脱离英国，成为独立的国家。

俄勒冈

加利福尼

夏威夷

阿拉斯加

与美国本土不相连

如果富兰克林的提议成真，那 25 美分硬币的背面图案就变成火鸡了……

1782 年，白头鹰（白头海雕）被定为美国的国鸟，人们认为鹰的宽大翼展象征着自由。有趣的是，本杰明·富兰克林（美国开国元勋之一）本来想将火鸡定为美国的国鸟。

美国知多少

主要作物：小麦、玉米、大豆、土豆、番茄、棉花

本土动物：熊、鹿、狼、浣熊、草原土拨鼠

主要语言：英语、西班牙语

本土节日：独立日、感恩节、阵亡战士纪念日、马丁·路德·金日

最受欢迎的运动：棒球、橄榄球、篮球

最受欢迎的食物：苹果派、汉堡包、热狗、面包、炸鸡

美国人的发明：飞机、人造心脏、电脑、互联网、空调

夏威夷州

1969 年，美国出现了登月第一人，美国宇航局执行了这项太空计划。如今，美国宇航局正忙着探索银河系的其他行星。说不定，不久之后人类又能登上另一个星球呢！

加拿大

项州

蒙大拿州

北达科他州

明尼苏达州

缅因州

爱达荷州

怀俄明州

南达科他州

威斯康星州

佛蒙特州

新罕布什尔州

纽约州

马萨诸塞州

罗得岛州

密歇根州

康涅狄格州

勾华达州

内布拉斯加州

艾奥瓦州

宾夕法尼亚州

新泽西州

犹他州

印第安
纳州

俄亥俄州

西弗吉
尼亚州

马里兰州

特拉华州

科罗拉多州

堪萨斯州

伊利诺伊州

弗吉尼亚州

密苏里州

肯塔基州

亚利桑那州

俄克拉荷马州

阿肯色州

田纳西州

北卡罗来纳州

新墨西哥州

南卡罗来纳州

得克萨斯州

密西西比州

亚拉巴马州

佐治亚州

路易斯安那州

佛罗里达州

墨西哥

墨西哥湾

大西洋

41

阿巴拉契亚山脉

阿巴拉契亚山脉从加拿大一直延伸到美国的亚拉巴马州，是世界上非常古老的山脉。由于山顶经年累月被侵蚀，其地势较为平缓。阿巴拉契亚山脉还延伸出了许多其他山脉：

纽约州的阿迪朗达克山脉和卡茨基尔山脉

从宾夕法尼亚州纵穿佐治亚州的蓝岭山脉

佛蒙特州的绿山山脉

新罕布什尔州的白山山脉

田纳西州与北卡罗来纳州交界处的大烟山

你可以沿着阿巴拉契亚山脉从缅因州走到佐治亚州。不过，你可得穿一双好鞋，你要走3000多千米呢！

《独立宣言》在宾夕法尼亚州的费城签署。

肯塔基州的猛犸洞是世界上最长的洞穴。

华盛顿是美国的首都。华盛顿的著名历史建筑有国会大厦、华盛顿纪念碑和林肯纪念堂。

位于佐治亚州的亚特兰大是可口可乐的发祥地，也是民权运动领袖马丁·路德·金的诞生地。

奥克弗诺基沼泽位于佐治亚州和佛罗里达州交界处，面积超过1500平方千米。

新奥尔良市因"爵士乐的发祥地"而闻名，它每年都会举办非常热闹的狂欢节庆祝活动。

你真该来看看我曾钓到的那条大鱼！

墨西哥湾是世界第二大海湾。墨西哥湾暖流是世界上第一大海洋暖流，因此，这里的渔业资源非常丰富。

位于佛罗里达州奥兰多市的迪士尼乐园总是有很多游客。

加拿大

安大略湖

大西洋

墨西哥湾

缅因州
奥古斯塔
佛蒙特州
蒙彼利埃
新罕布什尔州
康科德
波士顿
马萨诸塞州
罗得岛州
普罗维登斯
奥尔巴尼
纽约州
康涅狄格州
哈特福德
宾夕法尼亚州
特伦顿
哈里斯堡
新泽西州
马里兰州
安纳波利斯
多佛
特拉华州
西弗吉尼亚州
查尔斯顿
法兰克福
里士满
弗吉尼亚州
肯塔基州
纳什维尔
北卡罗来纳州
罗利
田纳西州
南卡罗来纳州
哥伦比亚
亚特兰大
密西西比州
蒙哥马利
佐治亚州
路易斯安那州
杰克逊
亚拉巴马州
巴吞鲁日
塔拉哈西
佛罗里达州

美国东部

马萨诸塞州的波士顿因"波士顿倾茶事件"而闻名，"波士顿倾茶事件"引发了美国独立战争。

拿去吧，英国佬！

纽约市是美国最大的城市，这里遍布摩天大楼，是世界金融中心之一。联合国总部也坐落于此，它是一个致力于世界和平的国际组织。

美国东部是欧洲探险者最先定居的地方，美国最初的 13 个殖民地也在这里。现在，美国东部十分繁荣，是美国人口最密集的区域。这里有许多繁华的城市，比如华盛顿、波士顿、纽约、费城、亚特兰大和迈阿密。大多数企业和商业区都位于沿海地区。

美国东部北邻加拿大，从缅因州越过阿巴拉契亚山脉，向南延伸至墨西哥湾沿岸和佛罗里达州的海滩。位于东北角的几个州拥有曲折的海岸线和美丽的海港，是钓鱼和捕龙虾的好地方。沿着海岸线再往南，沿岸都是沙质细软的海滩。东部肥沃的土壤适合耕种，尤其是蔬菜、水果等作物。最南部的几个州通常被称为"棉花州"，因为在美国南北战争之前，这几个州的大型农场生产了大量棉花，这些农场被称为种植园。南部的佛罗里达州、密西西比州和亚拉巴马州属于亚热带气候，这里的低地也很多，因此形成了许多湿地和沼泽。在这些沼泽中，潜藏着缓慢的水流。

纽约常被人们称为"大熔炉"，因为这里有来自世界各国的人。纽约市大约有 40% 的人口来自其他国家。

重要节日

感恩节是美国十分重要的节日。1620 年，英国移民在美洲度过了第一个饥寒交迫的严冬。在美洲原住民的帮助下，移民们终于在秋天获得了丰收，他们和原住民一起享用大餐以示感恩。如今，每年 11 月的第四个星期四，美国各地的孩子们会和家人一起吃一顿大餐，馅料满满的火鸡、蔓越莓果酱和南瓜派是大餐中必不可少的食品。

大沼泽地是位于佛罗里达州南部的国家级保护湿地。这里生活着短吻鳄和其他种类的鳄鱼，还有数百种动植物，其中包括濒危的佛罗里达豹。

位于南达科他州的巴德兰兹劣地因其陡峭而奇特的岩层而闻名。

拉什莫尔山的花岗岩侧面雕刻着四位美国总统（华盛顿、杰斐逊、罗斯福和林肯）的头像。

明尼苏达州的明尼阿波利斯和圣保罗被称为"双子城"，因为它们分别位于密西西比河的两侧。

得克萨斯州的休斯敦有一个巨大的航天中心，同时它也是石油工业的中心城市。

圣安东尼奥是得克萨斯州独立战争中著名的"阿拉莫之战"的起源地。

加拿大

明尼苏达州有 15 000 多个大大小小的湖泊。

苏必利尔湖

威斯康星州的奶酪和黄油产量居美国各州首位。

北达科他州

伊斯麦

密歇根湖

休伦湖

明尼苏达州

圣保罗

威斯康星州

伊利诺伊州的芝加哥是美国中部最大的城市，它位于密歇根湖岸边。人们称它为"风之城"，因为湖面上总会吹来阵阵微风

南达科他州

皮尔

密歇根州

伊利湖

麦迪逊

兰辛

艾奥瓦州

得梅因

内布拉斯加州

伊利诺伊州

印第安纳州

俄亥俄州

哥伦布

林肯

印第安纳波利斯

斯普林菲尔德

俄亥俄河

堪萨斯州

托皮卡

密歇根州的底特律被称为"汽车城"，它曾经是全球最大的汽车工业中心。

杰斐逊城

密苏里州

密西西比河

密苏里州的圣路易斯有座著名的拱门，你在几千米外的地方都能看到它。

明尼阿波利斯　圣保罗

俄克拉何马州

俄克拉何马城

阿肯色州

小石城

孤星之州

你知道得克萨斯州曾经是一个独立的国家吗？这就是为什么它的州旗上只有一颗星。19 世纪 30 年代，得克萨斯脱离墨西哥的统治，获得独立，于 1836 年建立了自己的共和国，之后于 1845 年加入美国。

得克萨斯州

得克萨斯州和俄克拉何马州的形状像一口平底锅，得克萨斯州的狭长地带是"锅柄"，两个州的其他地方则是"锅身"。

墨西哥

奥斯汀

墨西哥湾

得克萨斯州

俄克拉何马州

美国中部

　　美国中部就是指地理意义上的国土中部，没有严格的界线。中部地区大部分是平原，因此被称为"大平原"。这里土壤肥沃，非常适合耕种。这个国家的大部分谷物（小麦和玉米）都生长在这里，因此，这个地区还有一个别称——"粮仓"。

　　美国中部有两条大型水路。密西西比河从北部的明尼苏达州一直流向墨西哥湾，它是这个国家最繁忙的航道。五大湖区位于美国和加拿大边境，这里蕴藏着世界五分之一的淡水资源。密歇根湖是五大湖中唯一完全位于美国境内的湖泊。这些湖泊由河道连接在一起，汇入圣劳伦斯河，最终流入大西洋。五大湖（休伦湖、安大略湖、密歇根湖、伊利湖、苏必尔湖）

的英文名分别为 Huron、Ontario、Michigan、Erie、Superior，它们的首字母合起来是"HOMES"这个单词，意为"家园"。

　　得克萨斯州和俄克拉何马州广阔的平原非常适合饲养牛，牛仔们通常会在大牧场里放牧。此外，得克萨斯州也因石油闻名，它是美国最大的石油产地之一。

龙卷风走廊

　　龙卷风是伴随雷暴而来的强烈的旋风（就像《绿野仙踪》中把多萝西和她的房子吹到奥兹国的风一样）。在美国，大多数龙卷风发生在被称为"龙卷风走廊"的地区，它由北向南，波及了内布拉斯加州、堪萨斯州、俄克拉何马州和得克萨斯州。在这里，来自加拿大的冷空气和来自墨西哥湾的热空气在春夏两季的风暴中搅在一起，形成了强大的龙卷风。它威力极大，可以摧毁建筑，还能把汽车吹离地面。

美国西部

欢迎来到狂野的西部！美国西部有许多壮阔的自然景观——高耸的山脉、干燥的沙漠、深邃的峡谷、茂密的森林。这里是牛仔和拓荒者的乐土。

美国西部从落基山脉一直延伸到太平洋，占了这个国家领土的绝大部分。落基山脉南北纵贯 4800 多千米，它的最高峰位于科罗拉多州境内。此外，西部地区还有两大山脉——雄伟的喀斯喀特山脉和内华达山脉，它们耸立在太平洋海岸。喀斯喀特山脉有许多火山，其中，位于华盛顿州的圣海伦斯火山在几十年前爆发过。

在亚利桑那州、新墨西哥州、内华达州、加利福尼亚州和犹他州，有许多沙漠地带，其中最大的两个沙漠是莫哈维沙漠和索诺兰沙漠。莫哈维沙漠位于加利福尼亚州南部，是美国最大的沙漠。西半球最低处（也是最热的地方）——死亡谷就在莫哈维沙漠。美国的西南部曾经属于墨西哥，如今这些地方在建筑和饮食方面依然可以看到墨西哥的影响。

在加利福尼亚州、俄勒冈州和华盛顿州，有许多巨型的红杉和美洲杉沿着海岸生长，它们也是西部地区一道美丽的风景线。红杉树能长到 92 米高——这可大约是 8 辆黄色校车的长度呀！

火山是什么？

火山是岩浆喷出地面而形成的锥形山。当地球内部的压力增大，地壳剧烈运动时，岩浆就会从火山中喷发出来。世界上有 500 多座活火山。"环太平洋火山带"是环太平洋的一个火山区域，世界上大部分活火山都在那里。

刘易斯与克拉克西征

1803 年，当托马斯·杰斐逊任总统时，美国向法国政府购买了密西西比河以西的全部土地。这被称为"路易斯安那购地案"。把钱交给法国后，杰斐逊开始紧张起来。他刚买了什么？他完全不知道，西部的地图是空白的。杰斐逊派梅里韦瑟·刘易斯和威廉·克拉克去西部的荒野探险。他要求他们绘制河流图，与当地人交朋友，并找到一条横穿北美洲的水路。刘易斯和克拉克从密苏里州的圣查尔斯出发，一直走到俄勒冈州的海岸，然后返回。他们带了一群随从和一名带着婴儿的原住民，她名叫萨卡加维亚。萨卡加维亚提供了很多帮助，因为她可以和沿途遇到的部落首领交谈。这次探险耗时两年多，行程 12 875 千米左右。在探险过程中，他们发现了落基山脉，还发现了 300 多种不为人知的动植物、50 个土著部落。制图师克拉克绘制了 100 多幅西部地图。虽然没有找到横穿北美洲的水路，但杰斐逊总统意识到，这是一次非常成功的探险。

太平洋

密苏里州

在华盛顿州的西雅图，许多人住在"船屋"里，西雅图是美国船屋居住者最多的城市。

加拿大

阿拉斯加州的迪纳利山是北美洲的最高点。

阿拉斯加州

朱诺

位于蒙大拿州西北部的冰川国家公园有20多处冰川和约200个冰川湖泊。

位于怀俄明州和蒙大拿州的黄石国家公园因"老忠实喷泉"而闻名。"老忠实喷泉"是一种间歇泉，它能将水流喷向高空。

内华达州是美国气候最干燥的地区。

华盛顿州

奥林匹亚

塞勒姆

俄勒冈州

海伦娜

蒙大拿州

爱达荷州

博伊西

加利福尼亚州圣何塞附近的硅谷是电子工业和计算机业的王国。

怀俄明州

犹他州的盐湖城是摩门教的发祥地。

摩门经

19世纪50年代，旧金山突然人潮涌动，因为当时很多人去加利福尼亚州南部淘金。

萨克拉门托

内华达州

卡森城

盐湖城

夏延

加利福尼亚州的优胜美地瀑布落差非常大，景象十分壮观。

犹他州

丹佛

科罗拉多州

内华达州的拉斯维加斯吸引了许多来赌博和观看表演的游客。

加利福尼亚州

洛杉矶是美国第二大城市。位于洛杉矶的好莱坞被誉为"世界电影之都"。

太平洋

亚利桑那州

圣菲

新墨西哥州

大峡谷是因科罗拉多河数百万年来不断侵蚀岩石而形成的。

HOLLYWOOD

菲尼克斯

夏威夷州

火奴鲁鲁

草裙舞是夏威夷的传统舞蹈。人们在跳草裙舞时，身穿草裙，脖子上戴着花环。

亚利桑那州的索诺兰沙漠中生长着巨型萨挂诺仙人掌。

墨西哥

新墨西哥州的卡尔斯巴德洞窟由一系列巨大的洞穴组成。

加拿大

"加拿大"（Canada）这个名字源于印第安语中的一个词"kanata"，是"小村庄"的意思。这是不是很有趣？要知道加拿大可是世界上面积第二大的国家（仅次于俄罗斯）！

加拿大有多大？

它太大了，被三大洋——大西洋、太平洋和北冰洋环绕，这也使得它成为世界上海岸线最长的国家。

它太大了，拥有总长 8000 千米左右的高速公路系统：加拿大横贯公路。

它太大了，跨越了六个时区。

加拿大包括十个省和三个地区。加拿大的"省"就像美国的"州"，每个省会派出代表参与针对国家法律的投票。三个地区（育空地区、西北地区、努纳武特地区）没有自己的政府，不能对国家法律进行投票。三个地区都位于北边，一直延伸到北极圈内。

加拿大最北端处于北极圈内，属于苔原地带，一年中大约有九个月处于冰冻状态，很少有人住在这里。"加拿大地盾"是由河流和湖泊组成的丘陵地带，它主要在加拿大北部，科学家在这里发现了世界上最古老的岩石（我们说的是有几十亿年历史的岩石！）。落基山脉和海岸山脉横跨加拿大西部，那里有许多牧场和农场。加拿大南部是加拿大人口最多的地区，加拿大的主要城市几乎都靠近加拿大与美国（加拿大唯一的邻国）的边界。加拿大东部的省份被称为"滨海诸省"，因为它们被海洋环绕。

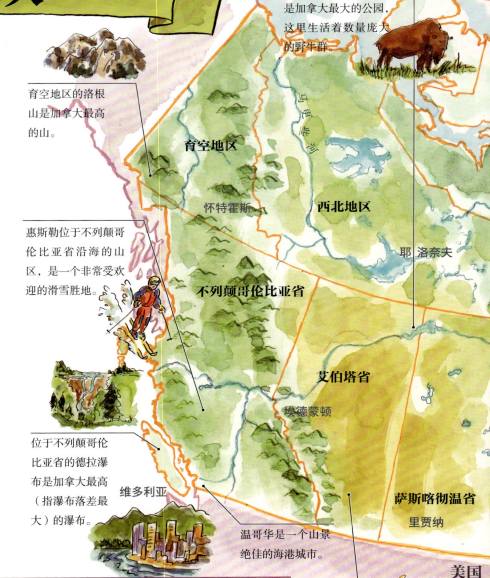

伍德布法罗国家公园是加拿大最大的公园，这里生活着数量庞大的野牛群。

育空地区的洛根山是加拿大最高的山。

育空地区

怀特霍斯

西北地区

马更些河

耶 洛奈夫

惠斯勒位于不列颠哥伦比亚省沿海的山区，是一个非常受欢迎的滑雪胜地。

不列颠哥伦比亚省

艾伯塔省

埃德蒙顿

位于不列颠哥伦比亚省的德拉瀑布是加拿大最高（指瀑布落差最大）的瀑布。

维多利亚

萨斯喀彻温省

里贾纳

温哥华是一个山景绝佳的海港城市。

美国

卡尔加里是一个古老的"牛仔城"，每年当地人都会举办卡尔加里牛仔节，以弘扬牛仔文化。

加拿大知多少

我说法语

主要作物：小麦、亚麻、大麦、甜菜

本土动物：海狸、加拿大黑雁、北美驯鹿、驼鹿、海象

主要语言：英语、法语（魁北克省）

本土节日：加拿大日、全国原住民日、圣巴蒂斯特节、维多利亚日

最受欢迎的运动：冰球、长曲棍球、滑雪

最受欢迎的食物：枫糖浆、加拿大培根、鲑鱼

加拿大人的发明：雪地摩托车、电灯泡、电话

糖枫叶是加拿大的象征。

格陵兰（丹）

格陵兰岛

格陵兰岛（Greenland）是世界上最大的岛屿，但它并不是绿色的（"Green"意为"绿色的"）。这个岛80%的地方都被厚厚的冰层覆盖，"绿色"只存在于广告宣传语中。据说，一个名叫埃里克·雷德的维京人在公元982年发现了这个岛屿。他希望更多人从挪威搬到这里与他为伴，于是，他把这个岛命名为格陵兰（绿色的土地），以吸引人们来到这里。这么做确实有效，但来的人也不傻，当他们发现岛上到处是冰雪时，便立刻打道回府了。如今，这个岛上只有5%的地方有人居住，它们主要是一些靠近南边和西边海岸的小村庄。村民们靠捕捞海豹、海象和三文鱼为生。格陵兰岛曾经是丹麦的一个省。1979年，它获得内政自治权，也有了官方的因纽特语名字——"Kalaallit Nunaat"，意思是"人民的土地"。

圣劳伦斯河是一条跨越加拿大和美国的河流。

努纳武特地区

伊卡卢伊特

哈得孙湾是一个巨大的内陆海。1610年，探险家亨利·哈得孙发现了它。

哈得孙湾

纽芬兰-拉布拉多省

大西洋

圣约翰斯

马尼托巴省

魁北克省

安大略省

爱德华王子岛省

新斯科舍省的名字源于拉丁语，意为"新苏格兰"。这里有加拿大最大的捕鱼区。

温尼伯湖

新不伦瑞克省

夏洛特敦

新斯科舍省

温尼伯

魁北克

弗雷德里克顿

哈利法克斯

苏必利尔湖

渥太华

魁北克是一座非常古老的城市，整个魁北克城都被城墙包围。

芬迪湾有世界上最高的潮汐，潮汐高度可达18米。

休伦湖

多伦多

渥太华是加拿大的首都。

安大略湖

密歇根湖

伊利湖

尼亚加拉大瀑布是世界三大瀑布之一。

蒙特利尔人说法语。除了法国的城市外，蒙特利尔是世界上最大的法语城市。此外，蒙特利尔的雪比世界上其他城市的都多。

墨西哥

墨西哥有 32 个州，它的北部与美国接壤，西临太平洋，东临墨西哥湾。这个国家有着丰富的文化和迷人的风景。

墨西哥有大片的沙漠，还有热带雨林、高耸的山脉和风景绝佳的海滩。落基山脉延伸至墨西哥，就形成了马德雷山脉，它是墨西哥的主要山脉，穿过整个墨西哥中部。

墨西哥人是阿兹特克人、玛雅人和西班牙人的后裔。西班牙统治了墨西哥 300 余年，所以大多数墨西哥人说西班牙语。

飓风是什么？

飓风是巨大而强劲的热带风暴，它的速度可以达到每小时 322 千米。热带风暴始于开阔的海洋，海水的温度增加了风暴的力量。飓风是逆时针旋转的（与时钟上指针转动的方向相反），风暴的中心被称为"眼"。有意思的是，飓风眼是暴风雨中最平静的地方！大西洋的飓风季节是 6 月到 11 月。加勒比海地区经常受到飓风的袭击，暴风和强降雨对当地造成了很大的破坏。自 1871 年以来，大开曼岛遭受的飓风袭击超过 60 次，是加勒比海地区遭受飓风袭击最多的地方。

美国

墨西哥

太平洋

墨西哥城是墨西哥的首都，也是墨西哥最大的城市，其人口超过 2000 万人。

墨西哥城

阿卡普尔科和坎昆是非常受欢迎的海滨旅游城市。

危地马拉的蒂卡尔位于热带雨林中，是一座古老的城市。

在巴拿马，你可以在同一海滩上看到海上日出和日落。

亡灵节

亡灵节是墨西哥人纪念逝去亲人的节日。在节日期间，人们祈祷亲人的灵魂能归来。大家在逝者的墓地野餐，用一些糖果和万寿菊装饰墓地，还会准备骷髅形状的糖果和面包。虽然这是个祭奠逝者的节日，人们却能以轻松的心情迎接它。

墨西哥知多少

主要作物：玉米、辣椒、豆类、小麦、牛油果

本土动物：墨西哥狼、美洲狮、郊狼、豹猫

主要语言：西班牙语

本土节日：五月五日节、亡灵节、独立日、拉斯波萨达斯节

最受欢迎的运动：足球、斗牛

最受欢迎的食物：玉米卷、烤辣椒、玉米饼

中美洲和加勒比海地区

中美洲

中美洲是一个热带地峡。地峡是连接两个大陆之间的狭长地带，就像一座桥。中美洲连接着北美洲和南美洲。在欧洲人来到美洲之前，就有美洲原住民居住在中美洲。西班牙占领中美洲之后，西班牙语就成了这里的主要语言。

中美洲有七个独立的国家。中美洲中部为火山群，流经尼加拉瓜的科科河是这里最大的河流。中美洲有许多神奇的动植物。尼加拉瓜的博萨瓦斯生态保护区是美洲仅次于亚马孙的第二大热带雨林。伯利兹海岸附近有一群色彩鲜艳的珊瑚礁，是世界上第二大珊瑚礁。

加勒比海地区

你喜欢在沙滩上玩耍吗？你喜欢在温暖的碧绿海水里游泳吗？如果你喜欢，那么加勒比海地区就是一个绝佳的度假胜地！加勒比海地区有数千个岛屿，这些岛屿被称为西印度群岛，因为哥伦布于 1492 年在这里登陆时，以为自己已经到达了印度群岛。这些岛屿有着美丽的沙滩和高大的棕榈树，它们把平静的加勒比海和大西洋隔开了。

墨西哥湾

古巴是加勒比海地区最大的岛屿，哈瓦那是古巴最大的城市。

拿骚

巴哈马

哈瓦那

古巴

奇琴伊察是一处玛雅文化遗址，卡斯蒂略金字塔是其中的著名建筑。

牙买加是雷鬼音乐的发祥地。

西安卡安生物圈保护区是一个大型湿地保护区。

海地　多米尼加　波多黎各（美）

太子港　圣多明各

牙买加

金斯敦

法语是海地的官方语言之一。

贝尔莫潘

伯利兹

伯利兹是中美洲唯一说英语的国家。

危地马拉
危地马拉

洪都拉斯

特古西加尔巴

加勒比海

你好！

特立尼达和多巴哥是卡利普索音乐的故乡，这种音乐的主要乐器是钢鼓。

圣萨尔瓦多

萨尔瓦多　尼加拉瓜

马那瓜

我们会说英语！

哥斯达黎加

圣何塞

穿过中美洲往返大西洋和太平洋的航船必须经过巴拿马运河。这条长约 80 千米的运河是人工修建的，横跨巴拿马境内。

巴拿马　巴拿马城

南美洲

最小的国家：
苏里南

最长的河：
亚马孙河

巴拿马

委内瑞拉

圭亚那

哥伦比亚

苏里南

法属圭亚那

厄瓜多尔

亚马孙河

亚马孙河因希腊神话中高大的亚马孙女战士而得名。传说亚马孙女战士生活在自己的国家里，那里没有男人。当第一个欧洲探险家发现这条大河时，他声称自己在那里被女人们用弓箭攻击，所以他把这条河命名为亚马孙河。

最大的国家：
巴西

巴西

秘鲁

海拔最高的淡水湖：
的的喀喀湖

玻利维亚

太平洋

巴拉圭

大西洋

最大的城市：
圣保罗

最高点：
阿空加瓜山

智

利

乌拉圭

阿根廷

巴拉那河

拉丁美洲是什么？

Bonus Oriens！
（拉丁语）

拉丁美洲是南美洲、中美洲、墨西哥和加勒比海地区的总称。
这些地方都隶属拉丁语族，因此被称为拉丁美洲。古老的拉丁语是许多欧洲语言的源头，西班牙语、葡萄牙语和法语都源于拉丁语。

最低点：
巴尔德斯半岛

Buenos dias！
（西班牙语）
Bom dia！
（葡萄牙语）
Bonjour！
（法语）

南美洲

当我们说到南美洲（South America）时，请你想想字母 A 吧！A 是安第斯山脉（Andes Mountains）和亚马孙河（Amazon River）英文的首字母。这两处自然景观对南美洲的地貌产生了决定性的影响。

南美洲是第四大洲，它的大部分陆地位于南半球，从赤道一直延伸到南极。南美洲东海岸与大西洋毗连，西海岸与太平洋毗连，北边的部分海岸毗连加勒比海。它由 12 个国家和法属圭亚那（法国的领土）组成。

南美洲的地貌非常丰富，这里有热带雨林、雪山、沙漠，还有各种宝石矿藏。这里有许多古代文明遗迹，也有现代化大城市。安第斯山脉是南美洲的标志性山脉。它位于南美洲的西海岸，绵延 8900 余千米，是世界上最长的山脉。在高度上，安第斯山脉排名全球第二（仅次于亚洲的喜马拉雅山）。山顶与山脚的气温悬殊，山脚处是温暖的热带气候，而高耸的山峰却被积雪覆盖。

亚马孙河就发源于安第斯山脉（秘鲁境内），它流经南美洲，绵延约 6400 千米，最后汇入大西洋。它有成千上万条支流，水量位居世界第一。亚马孙雨林是世界上最大的雨林，它覆盖了南美大陆北部和中部的大部分地区。

在欧洲人到来之前，印加文明深深影响着南美洲的广大地区。印加人修建了宽阔的道路，以及众多寺庙和堡垒，成就令人惊叹。到了 16 世纪，西班牙和葡萄牙控制了南美大陆，大多数南美洲国家在 19 世纪获得独立。

南美洲知多少

主要作物：香蕉、玉米、红薯、番茄、豆类

本土动物：美洲驼、羊驼、金刚鹦鹉、巨蟒、食蚁兽

主要语言：西班牙语、葡萄牙语（巴西）

本土节日：圣塞巴斯蒂安节、狂欢节

最受欢迎的运动：足球、拳击、赛马

最受欢迎的食物：黑豆饭、肉馅卷饼、牛奶焦糖酱、巴西烤肉、酸橘汁腌鱼

南美洲人的发明：爆米花

南美洲北部和巴西

亚马孙河和亚马孙雨林都在南美洲北部。在这里，大多数人住在沿海地区。委内瑞拉因其石油储量丰富，一度成为该地区最富有的国家。巴西是世界上第五大国家，它比整个美国本土的陆地面积（除阿拉斯加州和夏威夷州之外）还大，占了南美洲近一半面积！亚马孙雨林超过60%的区域都在巴西境内。巴西既有许多大型现代化城市，也有从未被人类探索过的原始雨林地区。

哥伦比亚的祖母绿产量一度占全世界祖母绿产量的一半左右。

太平洋

厄瓜多尔的科多帕希火山是一座非常高的活火山，海拔高度接近5900米。

查尔斯·达尔文和科隆群岛

科隆群岛是由太平洋上的十几个岛屿组成的群岛，离厄瓜多尔海岸不远。这些岛屿是加拉帕戈斯象龟（它们重达两三百千克！）的家园，它们可以活到200岁。1835年，英国科学家查尔斯·达尔文在那里登陆。在观察野生动物时，他注意到每个岛屿上都有一种棕色的小鸟，这些小鸟除了喙之外，看起来几乎一模一样。它们的喙有的短、有的长，有的尖、有的圆。达尔文认为，这些棕色小鸟都是由一种原始的雀类进化而来的，但在数百年的时间里，它们的外表发生了变化，因此能够在不同岛屿的不同环境中生存下来。比如说，如果一个岛只有贝壳可以吃，小鸟的喙就会逐渐变厚，以便啄破贝壳；如果一个岛只有树上的昆虫可以吃，小鸟的喙就会变细，以便把虫子啄出来。受这些小鸟的启发，达尔文提出了生物进化论学说。

吃昆虫

吃贝

吃树

消失的城市——马丘比丘

马丘比丘建于15世纪，是一座古老的印加城市，位于秘鲁的山区。西班牙殖民者于16世纪来到秘鲁时，摧毁了许多印加人的定居点，但不知为什么，他们错过了这个地方。多年来，丛林覆盖了这个空寂无人的古城，把它掩藏起来，变成一处秘境。直到1911年，它才被重新发现，探险家们在那里发现了200多座石头建筑。

巴西狂欢节

巴西最受欢迎的节日是狂欢节，它在复活节前47天举行。里约热内卢的狂欢节举世闻名。在节日庆典上，装饰精美的花车打头阵，成千上万的人穿着奇装异服，跟着花车载歌载舞。在节日期间，还会举行精彩的桑巴舞比赛和其他热闹的活动。

委内瑞拉的马拉开波湖是著名的石油湖,油田在湖的下方。

湖
石油

委内瑞拉的安赫尔瀑布是世界上最高的瀑布。

世界上的大部分咖啡都产自巴西和哥伦比亚。

café

亚马孙雨林生活着 80 多种猴类。

★ 加拉加斯

委内瑞拉

★ 乔治敦

圭亚那

★ 帕拉马里博

苏里南

法属圭亚那

大西洋

★ 波哥大

哥伦比亚

★ 基多

厄瓜多尔

亚马孙河

巴西

亚马孙雨林年均降水量超过 2000 毫米,这里生活着数百万种动物和植物。

秘鲁

安第斯山脉

★ 利马

玻利维亚

的的喀喀湖

拉巴斯

★ 苏克雷

★ 巴西利亚

的的喀喀湖位于秘鲁和玻利维亚交界处,是世界上海拔最高的湖泊。住在湖边的人们用芦苇编织船只,形成了当地的特色。

巴拉圭

在里约热内卢,人们喜欢随着桑巴鼓的鼓点起舞。

科帕卡巴纳海滩是巴西著名的休闲胜地。在这里,沙滩排球是最受欢迎的运动。

玻利维亚的拉巴斯市海拔很高,空气中氧气含量很少,所以这里很少发生火灾。

圣保罗是一个大城市,住着许多日本移民。

55

主要位于智利北部的阿塔卡马沙漠是地球上最干燥的地方之一。这里有些地方甚至从未下过一滴雨！

巴拉圭

巴西

亚松森

伊瓜苏大瀑布是世界上最宽的瀑布。

4千米

位于安第斯山脉的阿空加瓜山是西半球最高的山。

乌拉圭

智

利

圣地亚哥

布宜诺斯艾利斯

蒙得维的亚

阿根廷的布宜诺斯艾利斯是探戈的故乡。

太平洋

阿根廷

大西洋

南美洲

德雷克海峡

南极洲

德雷克海峡是南美洲和南极洲的分界线。

莫雷诺冰川位于阿根廷的南端，它的景色极其壮观。

马尔维纳斯群岛（英称福克兰群岛）（阿根、英争议）

合恩角位于南美洲的最南端。在巴拿马运河建成之前，水手们必须穿过波涛汹涌的海域，才能从大西洋航行到太平洋。

大西洋和太平洋唯一的交集就在南美洲的合恩角。

南美洲南部

斗篷节

阿根廷西北部的卡塔马卡市是著名的"国家斗篷节"的发祥地。每年7月（这时是南半球的冬天），来自阿根廷各地的织布工都会聚集在这里，展示和售卖他们制作的手工羊毛斗篷。斗篷是像毯子一样的披风，可以套头穿。制作斗篷的羊毛来自美洲驼、羊驼和绵羊。

神秘的复活节岛

复活节岛是一个奇怪的地方。这座火山岩岛位于太平洋中部，距离智利约3600千米，是一个与世隔绝的地方。当地人称它为拉帕努伊岛，直到1722年复活节，一名荷兰船长在那里登陆，将其命名为复活节岛。

复活节岛因其古老的巨石雕像而闻名，这些被称为"摩艾"的石像沿海岸线排列，仿佛在守卫着这座岛，防止外来者入侵。每座雕像高3~6米，重达几十吨。没有人能解释为什么住在岛上的人们会雕刻成百上千座巨大的雕像，也不知道当时的人们是如何移动它们的。有些人认为，这些雕像代表了当地的酋长和神的灵魂。

南美洲南部的国家都曾经是西班牙的殖民地，如今，西班牙的影响在这里依然随处可见。这里的温度跨度极大（从位于热带的巴拉圭北部到位于亚寒带的阿根廷南部），这里还拥有许多极致的景观——极高的山峰和极其辽阔的潘帕斯草原（世界四大草原之一）。潘帕斯草原位于阿根廷和乌拉圭境内，牧民在这里饲养了大量牛群。世界各地的顶级餐厅都供应来自这个地区的美味牛肉。高乔人（南美牧民）在阿根廷的潘帕斯草原放牧，他们用套索来驱赶牛群。套索是拴着三个硬皮球的绳索。高乔人就像美国的牛仔，也被称作"南美牛仔"。

在阿根廷南部的巴塔哥尼亚高原地区，牧民们饲养了许多绵羊，这些绵羊毛可是顶级的羊毛。巴塔哥尼亚沙漠就在这片高原地区，它并不炎热，只是非常干燥。因为安第斯山脉就像一堵墙，阻挡了来自太平洋和山脉西侧所有河流的水汽。这也使得阿根廷的西部气候湿润，而东部气候干燥。

欧洲

在七大洲中，欧洲的面积名列第六，可它是最拥挤的。它由 44 个国家组成，这些国家的人大多生活在城镇，几乎每个国家都塞得满满当当的。

欧洲位于北半球，与大西洋、北冰洋、挪威海、波罗的海和地中海相连。这些水域使得欧洲拥有绵长的海岸线，沿线还有许多海湾和半岛。高耸的阿尔卑斯山脉穿过欧洲大陆，北极圈附近的地区有大片森林，地中海沿岸的南部地区有美丽的海滩。欧洲是唯一没有沙漠的大陆。

欧洲与亚洲相连，有时二者被合称为"亚欧大陆"。两个大陆以乌拉尔山脉、乌拉尔河、里海、大高加索山脉、黑海和博斯普鲁斯海峡（土耳其海峡）为界。这条边界线穿过了俄罗斯和土耳其，所以，这两个国家横跨了两个大洲！不过，我们在书中把俄罗斯和土耳其放在了亚洲（你可以在后面的部分找到它们）。

科学家认为，人类大约在 36 000 年前第一次踏足欧洲。欧洲通常被称为西方文明的发祥地，因为许多关于科学和地理的重大发现在这里诞生，许多科学和艺术的重要进展在这里出现。如今，这个不算大的大陆上演化出许多不同的文明。在欧洲，有 50 多种不同的语言，而且大多数欧洲人都掌握一种以上的语言。

欧元是什么？

欧洲有很多国家，其中很多都是小国，人们彼此往来很容易。曾经，在长达数个世纪的时间里，每个国家都有自己的货币，每次人们想在邻国买东西时，即使是口香糖这样的小东西，也得把钱兑换成邻国的钞票。换钱可麻烦了，而且还会产生差额。于是，2002 年，许多欧洲国家联合起来，决定发行一种通用货币，这种货币就是欧元。

hej !（瑞典语的"你好"）
hello !（英语的"你好"）
Heior Buorre beaivvi !（萨米语的"你好"）

привет !（保加利亚语的"你好"）
здраво !（马其顿语的"你好"）

bonjour !（法语的"你好"）
Alo !（布列塔尼语的"你好"）

sveiki !（拉脱维亚语的"你好"）
labadiena !（立陶宛语的"你好"）

tere !（爱沙尼亚语的"你好"）
привіт !（乌克兰语的"你好"）

挪威海

北欧

最大的湖：
维纳恩湖

俄罗斯

英国和爱尔兰

最大的城市：
伦敦

波罗的海

东欧

最大的国家：
乌克兰

大西洋

西欧

最高点：
勃朗峰

最长的河流：
多瑙河

南欧

最小的国家：
梵蒂冈

地中海

亚洲

非洲

59

尼斯湖水怪

苏格兰高地上有许多湖泊，它们被称作"Lochs"。几百年来，人们一直声称有一种怪兽（名叫"尼斯"）生活在尼斯湖又深又暗的湖水中。有些人甚至拍到过这种怪兽的照片，在模糊的照片上，它看起来有点像长脖子的恐龙。湖里真的有怪兽吗？没人知道答案。（但我们在那里游泳的时候最好多长个心眼，以防万一！）

苏格兰方格裙是苏格兰男性的传统服装，这种裙子是用方格羊毛呢做成的。

北海

爱丁堡是苏格兰的首府。这里有一座巨大的城堡，耸立在山顶上，俯瞰着这座中世纪古城。

苏格兰

爱丁堡

英国

利物浦是著名乐队"披头士"的故乡。

北爱尔兰
贝尔法斯特

贝尔法斯特是北爱尔兰的首府。

泰恩河

伦敦是欧洲最大的城市。在伦敦，你会看到闻名遐迩的大本钟、双层巴士，还有女王居住的白金汉宫。

爱尔兰海

★ 都柏林

英格兰

爱尔兰

爱尔兰踢踏舞是一种节奏轻快的舞蹈。

威尔士

著名的多佛白崖由白色的白垩石构成，所以是白色的。在悬崖上，你可以望见英吉利海峡对岸的法国。

塞文河

泰晤士河

★ 伦敦

加的夫

加的夫是威尔士的首府。

大西洋

英吉利海峡

法国

英吉利海峡隧道横贯英吉利海峡，其中有一条高速铁路，连接着英国和法国。

英国和
爱尔兰

来吧，关于英国和爱尔兰，可有很多事情需要弄清楚。

#1：英国包含了四个地区：英格兰、苏格兰、威尔士和北爱尔兰。

#2：英国由两部分组成：大不列颠（英格兰、苏格兰、威尔士）和北爱尔兰。大不列颠和北爱尔兰中间隔着爱尔兰海。

#3：爱尔兰是一个完全独立于英国的国家，但北爱尔兰是英国的一部分。是不是有点困惑？简单来说，这与信仰两种宗教的人（天主教徒和新教徒）不能和睦相处有关，所以他们分裂成了两个国家。

#4：千万不要把来自苏格兰、威尔士或北爱尔兰的人称为"英格兰人"（English），正确的称呼应该是"不列颠人"（British）。只有来自英格兰的人才是"英格兰人"。

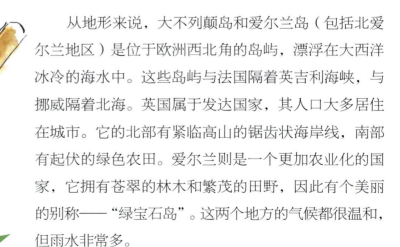

五朔节

在五朔节（5月1日），英格兰乡村的孩子们会围绕挂着彩带的柱子（五朔节花柱）跳舞，庆祝春天的回归。在孩子们跳舞时，彩带就相互缠绕在柱子上。此外，女孩们还会用鲜花装点铁丝做成的圆环，把花环戴在头上。

英国和爱尔兰知多少

主要作物：土豆、小麦、大麦、燕麦、甜菜

本土动物：鹿、狐狸、刺猬

主要语言：英语、盖尔语、威尔士语

本土节日：五朔节、圣帕特里克节、节礼日、女王寿辰日、盖伊·福克斯日

最受欢迎的运动：板球、橄榄球、高尔夫球

最受欢迎的食物：肉馅土豆泥、酥饼、薯条

英国和爱尔兰人的发明：喷气式发动机、青霉素、橡皮筋、割草机

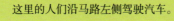
这里的人们沿马路左侧驾驶汽车。

从地形来说，大不列颠岛和爱尔兰岛（包括北爱尔兰地区）是位于欧洲西北角的岛屿，漂浮在大西洋冰冷的海水中。这些岛屿与法国隔着英吉利海峡，与挪威隔着北海。英国属于发达国家，其人口大多居住在城市。它的北部有紧临高山的锯齿状海岸线，南部有起伏的绿色农田。爱尔兰则是一个更加农业化的国家，它拥有苍翠的林木和繁茂的田野，因此有个美丽的别称——"绿宝石岛"。这两个地方的气候都很温和，但雨水非常多。

北欧

北欧五国（丹麦、挪威、瑞典、芬兰和冰岛）都位于欧洲的最北端，这些国家也被称为斯堪的纳维亚国家（虽然斯堪的纳维亚半岛实际上只包括丹麦、挪威和瑞典）。在这五个国家中，冰岛是真正意义上的海岛国家，其余几个是三面环海的半岛国家。

这些国家拥有茂密的松林和众多深水湖泊。挪威和瑞典有许多高耸的冰川山脉，而其余地区则大多是平坦的乡村地带。

挪威的许多山脉被峡湾分开。峡湾是一种在海水和冰川侵蚀作用下形成的又深又窄的水湾，峡湾两边的崖壁又高又陡。

北欧地区遍布着维京人的遗迹（一千年前维京人定居于此），这里还有许多中世纪城堡和间歇泉。北欧的冬天气候严寒，夏天却和煦温暖，即使冰岛也不例外，因为岛上的天然温泉让整个冰岛都变暖和了。

雷克雅未克

冰岛

冰岛的蓝色潟湖是非常适合游泳的地热温泉。

在雷克雅未克，人行道上安装了加热线圈，这样在冬天时，人行道上的雪就能很快融化了。

拉普兰位于挪威、瑞典和芬兰靠近北极圈的区域，它是一片冻土地带。

芬兰有一万多个岛屿，是全世界岛屿最多的国家。

挪威海

利勒哈默尔是一个非常受欢迎的滑雪胜地。

挪威

芬兰

奥斯陆是一个熙熙攘攘的港口城市，许多船只建造于此。

奥斯陆　瑞典

赫尔辛基

斯德哥尔摩

俄罗斯

波罗的海

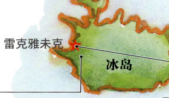

北欧知多少

主要作物：大麦、小麦、燕麦、土豆、萝卜

主要语言：丹麦语、瑞典语、挪威语、冰岛语、芬兰语

本土节日：圣克努特节、仲夏节、圣露西亚节、奶油泡芙日

本土动物：驼鹿、北极驯鹿、北极狐、旅鼠

最受欢迎的运动：越野滑雪、高山滑雪

最受欢迎的食物：腌鲱鱼、烟熏三文鱼、越橘果酱

北欧人的发明：乐高积木、滑雪板捆绑带、回形针、桑拿

在瑞典，孩子们会在复活节那天装扮一番后，挨家挨户地讨糖果——就像美国的万圣节那样！

丹麦

哥本哈根

哥本哈根是北欧最大的城市。这座城市在一个岛上，这里的大多数人都骑自行车出行。

62

东欧

东欧诸国位于德国以东及东南地区，乌拉尔山脉是东欧与亚洲的天然分界线。爱沙尼亚、拉脱维亚和立陶宛这三个国家紧临波罗的海，所以它们也被称为"波罗的海三国"。多瑙河的干流和支流流经东欧大部分地区，穿越十个国家，最后流入黑海。

东欧有广阔的平原和茂密的森林。乌克兰的大部分地区被平坦的草原覆盖，它们被称为"干草原"，那里种有小麦、燕麦、大麦和玉米等谷物。因此，乌克兰被誉为"欧洲大粮仓"，它是世界上第三大粮食出口国。

立陶宛人用琥珀（松柏树脂的化石）制作美丽的珠宝。

克拉科夫是一座历史悠久的中世纪城市，它拥有欧洲最大的中世纪广场。

捷克首都布拉格位于伏尔塔瓦河畔。

位于波兰和斯洛伐克边境处的塔特拉山吸引了不少滑雪爱好者前来旅游。

布拉迪斯拉发城堡位于一座丘陵上。站在城堡中，可以俯瞰流经布拉迪斯拉发的多瑙河。

布达佩斯可以说是两座城市。布达在多瑙河的一边，佩斯在另一边。

保加利亚人喜欢种植玫瑰，他们还会使用花瓣提炼精油，制造香氛。

许多东欧人喜欢去黑海度假。

波罗的海　俄罗斯

塔林　★　爱沙尼亚

里加　★　拉脱维亚

立陶宛　维尔纽斯　★　明斯克　★

德国　波兰　白俄罗斯

华沙　★

捷克　★　布拉格　克拉科夫　基辅　★　乌克兰

斯洛伐克　★　布拉迪斯拉发

匈牙利　★　布达佩斯　摩尔多瓦　★　基希讷乌

罗马尼亚

★　布加勒斯特　黑海

索非亚　★　保加利亚

布达　佩斯

东欧知多少

主要作物：小麦和其他谷物、茶、葡萄

主要语言：波兰语、匈牙利语、乌克兰语、保加利亚语

本土节日：独立日、波兰宪法日、圣尼古拉斯日

本土动物：麋鹿、鹿、熊

最受欢迎的运动：足球、排球、冰上曲棍球

最受欢迎的食物：炖牛肉、波兰饺子、保加利亚罐肉、波兰煎饼、基辅鸡

东欧人的发明：圆珠笔、魔方

西欧

西欧常常被称为"欧洲的心脏"。这里的风物让人目不暇接——高耸入云的山脉、阳光明媚的海滩、世界闻名的电影节和博物馆、童话般的城堡、迷人的村庄，还有很多美味的食物。

比利时、荷兰和卢森堡被称为低地国家，因为它们的大部分国土的高度都低于海平面。它们还共用一个别称——比荷卢经济联盟。法国是西欧最大的国家，它以高级时装、葡萄酒庄园和诸多著名城堡而闻名。德国是工业化程度最高的西欧国家，它最有名的产品包括汽车、精密器械和啤酒。奥地利和瑞士这两个美丽的国家被阿尔卑斯山脉和其他山脉的森林所覆盖。

德国人称他们的国家为"德意志人的土地"（Deutschland）。

西欧知多少

主要作物：洋葱、葡萄、马铃薯、甘蓝

主要语言：法语、德语、荷兰语

本土节日：巴士底日（法国国庆日）、德国统一日、瑞士国庆节、女王日、十月啤酒节、主显节

本土动物：红松鼠、野猪、狐狸、狼、鹿、野山羊

最受欢迎的运动：足球、曲棍球、手球、骑自行车

最受欢迎的食物：法式薄饼、炸肉排、奶酪火锅、德式小香肠、椒盐脆饼

西欧人的发明：自行车、热气球、铅笔、隐形眼镜

圣诞节

12月25日是圣诞节，它是基督教教徒庆祝耶稣诞生的节日。该节日的众多元素起源于德国，比如一棵精心装饰的圣诞树。许多国家都是一家人一起装点圣诞树，但德国的爸爸妈妈们会选择自己悄悄地做这件事，然后给孩子一个惊喜。在圣诞节这天，孩子们唱颂歌、收礼物，他们还用姜饼做小房子，和家人一起吃大餐。

约德尔……啊……依……呜……

交互绳起源于荷兰。所谓交互绳，就是将两根跳绳沿相反的方向摆动，跳绳的人同时跳两根绳。

"约德尔我"

"打电话给我。""发微信给我。""约德尔我。"

等一下，你从来没有让朋友"约德尔"过你，对吗？好吧，那你家肯定不在瑞士或奥地利的阿尔卑斯山区。多年以前，住在阿尔卑斯山的人通常都有一两山之隔的朋友。当他们想问候朋友或者想邀请朋友来家里做客时，他们就会用约德尔唱法唱歌。约德尔是一种有旋律、无歌词的歌声，会在大山之间回荡，听起来有点像"约德尔……啊……依……呜……"。不同的约德尔曲调有不同的含义。现在，约德尔已经成为欧洲民谣的一部分。

荷兰约40%土地的海拔都在海平面之下，荷兰首都阿姆斯特丹就是一座建在运河之上的城市。

黑森林是德国的旅游胜地，《格林童话》中的许多故事都发生在这里。

波罗的海

北海

欧洲最大的火车站在德国首都柏林。

荷兰的郁金香花海蔚为壮观。

童话石窟是一座色彩斑斓的钟乳石洞穴，坐落于德国图林根州。

巴黎的埃菲尔铁塔、卢浮宫和巴黎圣母院是举世闻名的旅游景点。

列支敦士登是最大的假牙生产地。

荷兰

阿姆斯特丹

易北河

柏林

德国

布鲁塞尔

比利时

莱茵河

维也纳

巴黎

奥地利

法国的卢瓦尔河谷地区盛产酿酒用的葡萄。

列支敦士登

瑞士

卢瓦尔河

维也纳有"音乐之都"的美名，莫扎特和贝多芬都曾在此创作了不少杰出的音乐作品。

法国

日内瓦

佰尔尼

阿尔卑斯山脉横跨奥地利、瑞士、法国和意大利。

瑞士日内瓦出产的手表、巧克力、奶酪都很有名。

摩纳哥

蒙特卡洛

欧洲最高的山峰是勃朗峰，它坐落于法国和瑞士之间。

法国是世界上最受游客欢迎的国家之一。

法国的格拉斯小镇拥有大片薰衣草田，因此盛产香水。

香水

地中海

摩纳哥的蒙特卡洛以方程式赛车大奖赛和博彩业而闻名。

南欧知多少

主要作物：葡萄、橄榄、坚果、无花果、柑橘类水果

本土动物：野山羊、棕熊、羊

主要语言：西班牙语、葡萄牙语、意大利语、希腊语

本土节日：狂欢节、主显节、希腊独立日、圣乔治节

最受欢迎的运动：足球、篮球、斗牛、骑自行车

最受欢迎的食物：意大利面、意大利调味饭、希腊旋转烤肉卷饼、炸鱿鱼、西班牙海鲜饭、西班牙辣香肠

南欧人的发明：拖把、电池、钢琴

意大利每人每年要吃掉约25千克的意大利面食。

在威尼斯，运河代替了街道，人们出行的交通工具也不是车，而是叫作"贡多拉"的船。

马德里位于西班牙的正中心。

西班牙的塞维利亚拥有悠久的斗牛文化传统。

大西洋

法国

斯洛文尼亚
卢布尔雅那 ★

克罗地亚
萨格勒布 ★

比萨斜塔十分有名，它真的是倾斜的。

波斯尼亚和黑塞哥维那
萨拉热窝 ★

贝尔格莱德 ★
多瑙河

葡萄牙

西班牙

安道尔
安道尔 ★

圣马力诺

意大利

亚得里亚海

塞尔维亚

里斯本 ★

马德里 ★

黑山
波德戈里察 ★

斯科普里

地中海

罗马
梵蒂冈

北

梵蒂冈是世界上最小的国家，它在一个城市（意大利首都罗马）中！

地拉那 ★

阿尔巴尼亚

希腊

比萨诞生于两百年前的那不勒斯（意大利城市）。

伊奥尼亚海

克罗地亚的杜布罗夫尼克是一座被高墙包围的城市。

葡萄牙是最大的软木塞生产国。红酒酒瓶的瓶塞多为软木塞，它由软木树的树皮制成。软木树被剥掉树皮后，大概再过八九年的时间，又会长出新的树皮。

非洲

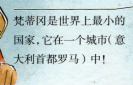

马耳他
瓦莱塔 ★

南欧

南欧主要由半岛组成，这里有三个深入海洋的半岛。

#1：伊比利亚半岛。它向西南延伸至大西洋和地中海，西班牙、葡萄牙和小国安道尔就在这个半岛上。它离非洲只有8千米。比利牛斯山脉把这三个国家和欧洲大陆主体分割开来。

#2：意大利半岛。这个靴子形状的半岛被亚得里亚海、第勒尼安海和伊奥尼亚海所环绕。它是意大利、梵蒂冈、圣马力诺和马耳他的所在地。

#3：巴尔干半岛。其东南部与黑海、爱琴海、地中海、亚得里亚海和伊奥尼亚海相邻。斯洛文尼亚、克罗地亚、塞尔维亚、黑山、波斯尼亚和黑塞哥维那、北马其顿、阿尔巴尼亚、希腊都在这里，它们被称为"巴尔干半岛诸国"。(别和"波罗的海三国"搞混了！)

这些半岛同属地中海气候——夏季炎热干燥，冬季温和多雨。除了北部被冰雪覆盖的阿尔卑斯山脉，这里的地形主要是干燥的丘陵、森林和平原。

南欧地区的文明可以追溯到几千年前。古希腊是西方文明的发祥地，意大利则是罗马帝国的所在地。古希腊和古罗马在建筑、艺术、科学等方面都有过辉煌的成就，也留下了许多著名的历史遗迹——古希腊有帕特农神庙，它是一座为纪念女神雅典娜而建造的古代神庙；古罗马有古罗马斗兽场，它是一个露天运动场，角斗士们曾在里面殊死搏斗。

黑海

土耳其

雅典以雅典卫城和帕特农神庙闻名于世。

爱琴海

雅典

希腊的海岛有许多别致的建筑，还有绝佳的海景，是备受欢迎的度假胜地。

圣巴西略节

在希腊，1月1日是圣巴西略节。在节日当天，孩子们会吃一种叫"哇丝依欧批塔"的新年蛋糕，或者就叫它"圣巴西略蛋糕"吧。这种蛋糕里藏着一枚硬币，据说吃到这枚硬币的孩子来年会有好运气。

马拉松是一项总长42.2千米的跑步比赛，它的起源与一位古希腊士兵有关。这位士兵为了报告马拉松之战的战况，从斯巴达马不停蹄地跑到雅典。这个可怜的家伙累死在了终点，如今马拉松比赛的距离就是他当时跑过的距离。

亚洲

亚洲的陆地面积比北美洲、欧洲和澳大利亚的陆地面积总和还要大。亚洲横跨 90° 纬度（从北极圈到赤道）和 150° 经度。它不仅面积最大，人口也最多。全世界约一半的人口生活在亚洲。

亚洲的地貌和气候涵盖了各种类型。世界上最高的山脉——喜马拉雅山就在亚洲。亚洲西南部和中部大多是沙漠。跟许多沙漠不一样，位于中国和蒙古的戈壁沙漠不仅不炎热，还很寒冷，因为它们坐落在高原上。东南亚的大部分地区都是热带雨林。横贯中国的长江，是世界第三长的河流。

俄罗斯是亚洲最大的国家，最小的国家是岛国马尔代夫。许多亚洲国家都是岛国，而印度尼西亚是世界上最大的群岛国家。

尽管亚洲幅员辽阔，但亚洲的许多土地都是高山和沙漠。因此，人们主要聚居在沿海或沿河的城市。中国是世界上人口最多的国家，印度紧随其后。亚洲有各种各样的文化和民族，同时也是基督教、伊斯兰教、犹太教、佛教和印度教五大宗教的发祥地。

最大的湖:
里海

最低点:
死海
（以色列／约旦）

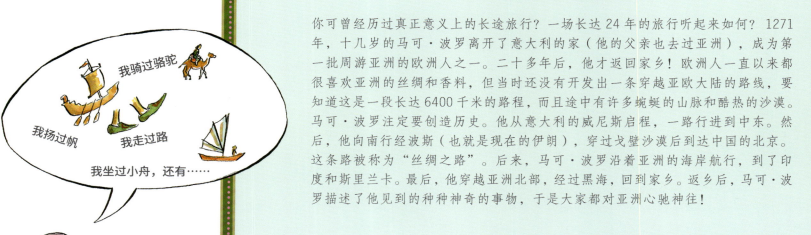

马可·波罗的长途旅行

你可曾经历过真正意义上的长途旅行？一场长达 24 年的旅行听起来如何？1271 年，十几岁的马可·波罗离开了意大利的家（他的父亲也去过亚洲），成为第一批周游亚洲的欧洲人之一。二十多年后，他才返回家乡！欧洲人一直以来都很喜欢亚洲的丝绸和香料，但当时还没有开发出一条穿越亚欧大陆的路线，要知道这是一段长达 6400 千米的路程，而且途中有许多蜿蜒的山脉和酷热的沙漠。马可·波罗注定要创造历史。他从意大利的威尼斯启程，一路行进到中东。然后，他向南行经波斯（也就是现在的伊朗），穿过戈壁沙漠后到达中国的北京。这条路被称为"丝绸之路"。后来，马可·波罗沿着亚洲的海岸航行，到了印度和斯里兰卡。最后，他穿越亚洲北部，经过黑海，回到家乡。返乡后，马可·波罗描述了他见到的种种神奇的事物，于是大家都对亚洲心驰神往！

我骑过骆驼
我扬过帆　我走过路
我坐过小舟，还有……

北冰洋

最大的国家：
俄罗斯

太平洋

俄罗斯和中亚

东亚

中东

最长的河流：
长江（中国）

南亚

最高点：
珠穆朗玛峰
（中国／尼泊尔）

东南亚

最小的国家：
马尔代夫

印度洋

69

俄罗斯和中亚

俄罗斯联邦，又称俄罗斯，是世界上最大的国家，它横跨整个亚洲北部，跨越了 11 个时区。位于俄罗斯西部的莫斯科和圣彼得堡有许多著名的芭蕾舞团、芭蕾舞剧院和艺术博物馆，因此，俄罗斯在戏剧和舞蹈领域一直都有着重要的地位。

从俄罗斯境内的乌拉尔山脉以东一直到太平洋的那片土地被称为西伯利亚。西伯利亚绵延数千千米，被冻原和茂密的针叶林覆盖。那里人口稀少，天气非常寒冷（西伯利亚的部分地区比北极还要冷），冬季平均气温为 −46℃ 左右。

中亚国家以草多树少且地形平坦的干草原闻名。中亚也是两个大沙漠——克孜勒库姆沙漠和卡拉库姆沙漠的所在地。中亚有许多游牧民族，他们居无定所，不断迁徙。山羊、绵羊和骆驼是他们主要养殖的牲畜，这些牲畜为他们提供奶制品和肉类。当牲畜们吃光了某个地区的草时，游牧民就该收起帐篷出发了。

在俄罗斯，孩子们会在开学的第一天给老师带一束花。

莫斯科是俄罗斯的首都。

圣彼得堡是一座水网密布的城市。

乌兹别克斯坦和哈萨克斯坦之间的咸海是一个很大的咸水湖。由于被过度取水灌溉，在过去的一二十年里，它大面积干涸。

哈萨克斯坦

土库曼斯坦

乌兹别克斯坦

里海

阿什哈巴德

塔什干　比什凯

吉尔吉斯坦

塔吉克斯坦

杜尚别

乌兹别克斯坦是古代丝绸之路的必经之地。

俄罗斯和中亚知多少

主要作物：小麦、烟草、土豆、榛子、向日葵

主要语言：俄语、哈萨克语、乌兹别克语、塔吉克语、普什图语、土库曼语

本土节日：新年、国际妇女节、祖国保卫者日、俄罗斯胜利节、甜瓜节

本土动物：西伯利亚虎、黄鼠狼、北极狐

最受欢迎的运动：曲棍球、足球、网球、篮球

最受欢迎的食物：罗宋汤、鱼子酱、俄式馅饼、烤羊肉、肉饭

俄罗斯和中亚人的发明：直升飞机

西伯利亚拥有全世界约 25% 的森林。

维尔霍扬斯克甚至比北极还要冷。在冬天，那里的平均温度是 –50℃ 左右！

北冰洋

俄罗斯的东北角距离美国阿拉斯加州只有 80.5 千米。

俄罗斯

阿拉斯加州

乌拉尔山脉

东西伯利亚山地

勒拿河

俄　罗　斯

叶尼塞河

努尔苏丹

野生西伯利亚虎生活在西伯利亚东部。

太平洋

中华人民共和国

西伯利亚大铁路是世界上最长的铁路。它从莫斯科一直延伸到符拉迪沃斯托克（海参崴），全长 9288 千米。

符拉迪沃斯托克（海参崴）

贝加尔湖是世界上最深、最古老的湖泊。

不同游牧民族的毡子或兽皮帐篷的样式各不相同。

为什么每个国家都叫"斯坦"？

你可能已经注意到，大多数中亚国家的名称都以"斯坦"结尾。"斯坦"是一个古老的波斯语词语，意为"家园"或"国家"。所以乌兹别克斯坦的意思是"乌兹别克人民的家园"。

中东地区

中东地区是指地中海和波斯湾沿岸的部分地区。这个名字是古希腊人起的，他们认为相对于自己所处的位置，地中海和波斯湾沿岸就位于"东方的正中间"，而印度和中国所处的位置则属于"远东"。关于中东有很多热门话题，比如石油、沙漠、宗教纷争、古老的民族、现代化都市和沙尘暴。阿拉伯半岛（包括沙特阿拉伯、也门、阿曼、阿拉伯联合酋长国、卡塔尔和科威特等）超过一半的地方都是沙漠。鲁卜哈利沙漠是世界上最大的流动沙漠，被称为"空旷的四分之一"，因为它的面积约占阿拉伯半岛的四分之一，它也被称为阿拉伯沙漠。位于沙特阿拉伯的内夫得沙漠则因其巨大的沙丘而闻名。贝都因人是游牧民族，他们与骆驼和羊群为伍，在沙漠里逐水草而居，已有数百年历史。在中东，淡水资源很匮乏，很多国家都在不断进行海水淡化的试验，也就是将淡水从海水中分离出来。

中东的石油资源储量非常丰富，全世界超过 60% 的石油来自这里。为了开采石油，人们需要在地面钻很深的孔，这就是油井，石油可以从这个通道上升到地面。阿拉伯沙漠有世界上最大的油田，这些资源使得中东地区十分富有。中东地区的人们把靠石油挣得的财富投入城市建设中，建成了一些耀眼夺目的现代化大都市。中东地区历史非常悠久，发源于两河流域（底格里斯河和幼发拉底河）的美索不达米亚文明是世界上已知最古老的文明之一，美索不达米亚位于如今的伊拉克境内。古波斯文明则发源于如今的伊朗境内。中东还是三大宗教（基督教、伊斯兰教、犹太教）的发祥地。尽管中东地区历史悠久、财富惊人，却常年处于动荡的局势中。在这里，国界纷争、宗教纷争、能源纷争不断，人民饱受战乱之苦。

黎巴嫩是中东地区唯一没有沙漠的国家。

耶路撒冷是犹太教、基督教和伊斯兰教的圣城。

在中东地区的一些地方，女性在公共场合都需要穿戴头巾。有的头巾只遮住脸，有的则盖住整个身子。

中东知多少

主要作物：橄榄、开心果、椰枣、酸橙、石榴

本土动物：安哥拉猫、骆驼、阿拉伯马

主要语言：阿拉伯语、波斯语、希伯来语、库尔德语

本土节日：儿童节、光明节、逾越节、犹太新年、开斋节、纳乌鲁兹节

最受欢迎的运动：足球、赛车、赛骆驼

最受欢迎的食物：鹰嘴豆泥、烤肉串、碎羊肉面饼

石油到底有什么了不起的？

在寒冷的冬天，把暖气打开，是不是觉得很暖和？如果你想去迪士尼乐园玩，开车或坐飞机去是不是比步行方便得多？石油就是汽车、飞机、轮船等交通工具的燃料，而你在家取暖也离不开它。地球上超过一半的机器或设备运转都靠这种黏糊糊的黑色液体提供能量，这就是人们愿意花大价钱购买它的原因。不过，石油是一种非可再生资源，所以石油交易也是一次性的。人们一旦开采完地球上所有的石油，石油就不复存在了。

土耳其国土的形状像一座桥梁，连接起亚欧大陆。

伊拉克首都巴格达在长达几个世纪的时间里，都是伊斯兰文化中心。

伊朗人以前被称作波斯人，他们制作的手工地毯远近闻名。

波斯猫是一种非常古老的猫，它起源于伊朗。

叙利亚首都大马士革是一座历史悠久的古城。从古至今，这座城市一直有人居住。

死海的水非常咸，没有鱼类或其他水生生物能在这里生存，所以人们给它取名为"死海"。对了，死海其实不是海，而是一个湖。

约旦的佩特拉古城由特殊的玫瑰色沙石建成。

麦加和麦地那是伊斯兰教的圣城。

据说也门是最早将咖啡当作饮品的地方。

红海里生长着很多红藻，所以红海有时候看起来是红色的。

位于阿联酋的迪拜是一个非常现代化的城市，它不仅拥有全世界最高的摩天大楼，还有全球最大的室内滑雪场。

在阿曼，椰枣树很受重视，政府甚至会将每棵椰枣树的归属情况记录在案。

格鲁吉亚
第比利斯

安卡拉

亚美尼亚

阿塞拜疆

巴库

阿塞拜疆

土耳其

托罗斯山脉

高加索山脉

厄尔布尔士山脉

德黑兰

尼科西亚

塞浦路斯

叙利亚

贝鲁特

黎巴嫩

大马士革

底格里斯河

巴勒斯坦

耶路撒冷

以色列

安曼

约旦

巴格达

幼发拉底河

伊拉克

扎格罗斯山脉

伊　朗

科威特
科威特城

沙特阿拉伯

巴林
麦纳麦

卡塔尔
多哈

阿布扎比

阿曼

阿拉伯联合酋长国

马斯喀特

利雅得

红海

阿曼

也门

萨那

阿拉伯海

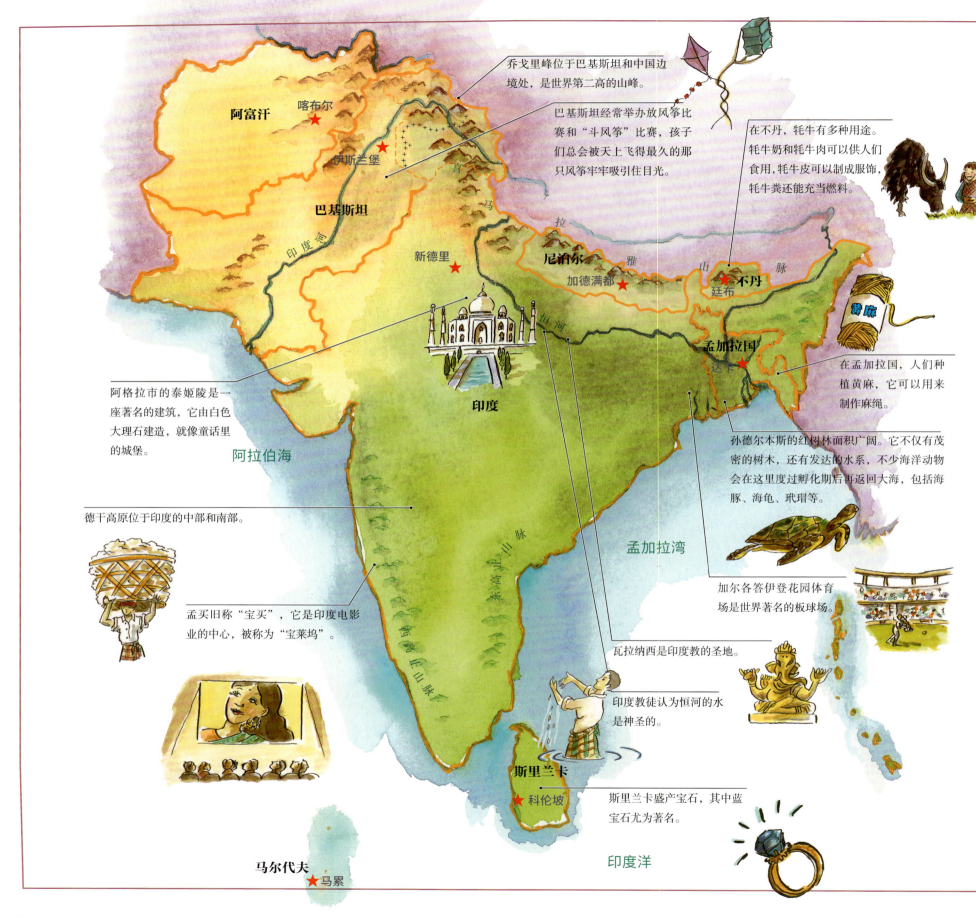

乔戈里峰位于巴基斯坦和中国边境处，是世界第二高的山峰。

巴基斯坦经常举办放风筝比赛和"斗风筝"比赛，孩子们总会被天上飞得最久的那只风筝牢牢吸引住目光。

在不丹，牦牛有多种用途。牦牛奶和牦牛肉可以供人们食用，牦牛皮可以制成服饰，牦牛粪还能充当燃料。

阿富汗　喀布尔

伊斯兰堡

巴基斯坦

印度河

喜

马

拉

尼泊尔　雅

加德满都

不丹

廷布

山　脉

黄麻

新德里

印度

孟加拉国

达卡

在孟加拉国，人们种植黄麻，它可以用来制作麻绳。

阿拉伯海

阿格拉市的泰姬陵是一座著名的建筑，它由白色大理石建造，就像童话里的城堡。

恒河

孙德尔本斯的红树林面积广阔。它不仅有茂密的树木，还有发达的水系，不少海洋动物会在这里度过孵化期后再返回大海，包括海豚、海龟、玳瑁等。

德干高原位于印度的中部和南部。

东

高

止

山

脉

孟加拉湾

加尔各答伊登花园体育场是世界著名的板球场。

孟买旧称"宝买"，它是印度电影业的中心，被称为"宝莱坞"。

瓦拉纳西是印度教的圣地。

印度教徒认为恒河的水是神圣的。

斯里兰卡

科伦坡

斯里兰卡盛产宝石，其中蓝宝石尤为著名。

印度洋

马尔代夫

马累

南亚

全世界最高的十座山峰都在南亚，它们坐落于喜马拉雅山脉和其附近的山脉之中。巍峨的群山常年被冰雪覆盖，当冰雪消融之后，雪水会汇入恒河，流向印度。印度的三条大河——恒河、布拉马普特拉河和印度河——都起源于喜马拉雅山脉。

印度是南亚最大的国家，人口位居世界第二，它是四种宗教（印度教、佛教、耆那教和锡克教）的发祥地。这是一个两极分化严重的国家，一方面，印度的贫困人口在物资方面极度匮乏；另一方面，印度又是发展迅速的经济体。在这里，从低矮的贫民窟中不时会窜出几头大象，而高耸的写字楼中则坐着开发软件的程序员们。在印度街头，既有人身披纱丽（女性）或裹着腰布（男性），也有人穿着现代的西式服装。

印度位于一个半岛上，半岛被阿拉伯海和孟加拉湾围绕。巴基斯坦位于印度西侧，不丹和尼泊尔坐落于印度东侧喜马拉雅山脉的斜坡上，热带岛国斯里兰卡则位于离印度海岸线不远的印度洋上。

南亚知多少

主要作物：水稻、菠萝、芒果、棉花、甘蔗、黄麻

本土动物：老虎、大象、猴子、豺、鬣狗、孔雀

主要语言：印地语、英语、乌尔都语、孟加拉语、尼泊尔语、僧伽罗语

本土节日：排灯节、佛牙节、胡里节、圣线节、风筝节、印度丰收节、湿婆节

最受欢迎的运动：板球、曲棍球、壁球

最受欢迎的食物：手抓饭、坦度里烤鸡、印度飞饼、印度奶茶

南亚人的发明：睡衣、羽毛球、瑜伽

板球运动的历史可以追溯到8个世纪之前。它跟棒球有些相似，区别在于棒球球杆是圆的，板球球杆是扁的；棒球球员绕着场地跑，板球球员往返跑。

换名字

近年来，印度人给不少城市换了新名字。这些城市以前的名字大多是在英国殖民统治时期取的，而新名字的灵感则来源于印度本土文化和印度的主要语言——印地语。

以前的名字	现在的名字
宝买	孟买
卡尔各答	加尔各答
马德拉斯	金奈
旁地治里	本地治里

圣线节

印度人每年8月都会过圣线节。在圣线节的仪式上，女孩们把"圣线"系在她们兄弟的手腕上，男孩们则承诺要保护好他们的姐妹。除此之外，兄弟姐妹还会互相赠送糖果和礼物。

尼泊尔的夏尔巴人个个都是登山家。当外来登山者试图攀登珠穆朗玛峰时，准会请一个夏尔巴人当向导。

说到东南亚，就一定会说到水和岛屿。东南亚大部分地区都与水相邻，只有一小部分属于大陆。东南亚由两个半岛和成千上万个岛屿组成。其中，印度尼西亚是世界上最大的群岛国家，它有约 13 500 个岛屿，菲律宾则有 7000 多个岛屿，它们的岛屿真多啊！

东南亚山脉众多，还有大片湿热的雨林。东南亚的大多数山脉都被茂密的森林和热带丛林所覆盖。这里有些地区比较原始，比如缅甸；有些地区则高度现代化，比如新加坡和泰国。

东南亚大陆地区的人们大多沿山谷而居。这里有广阔的水稻种植区，尤其是位于越南的湄公河三角洲。农民在坡地上种植水稻（稻田的蓄水能力很强），这些稻田是梯田式的，看起来就像阶梯一样。梯田让水流变缓，防止丰水期的水流冲走水稻。

仰光市有一座名为"金寺"的佛塔，它耸立在城市的街道上，看上去金碧辉煌。

曼谷是一个人口超过 600 万人的大城市。这里汽车太多而马路太少，所以总是堵车。

在大陆和海洋之间，风向随季节有规律改变的风，被称为季风。在季风的作用下，东南亚地区高温的时候雨水充沛，这对农民种植水稻十分有利。台风则是一种破坏力强大的风，每年都袭击东南亚各岛，摧毁土地和房屋。

吉隆坡是马来西亚最大的城市。它的名字（Kua Lumpur）的字面意思是"浑浊的聚会场所"。

东南亚知多少

主要作物：大米、菠萝、橡胶、椰子

本土动物：大象、猩猩、科莫多巨蜥、长臂猿

主要语言：泰语、缅甸语、越南语、高棉语、马来语、菲律宾语、印度尼西亚语

本土节日：中秋节、宋干节

最受欢迎的运动：藤球

最受欢迎的食物：春卷、米粉、印尼炒饭、泰国猪脚饭

东南亚人的发明：电脑声卡

新加坡是一个富裕的岛国，人口十分稠密。

在印度尼西亚可别乱摸别人的头，因为在这里被摸头意味着厄运降临。印度尼西亚人认为人的灵魂住在脑袋里，如果灵魂被触碰了，会很容易受伤。

中华人民共和国

缅甸（Myanmar）在英国殖民时期被称为"布尔玛"（Burma）。

缅甸

内比都

越南

河内

老挝

万象

泰国

曼谷

柬埔寨

金边

吴哥窟是一个非常古老的寺庙群，曾经长久地掩藏在丛林中，直到一百多年前，它才重见天日。

在胡志明市，人们大多骑自行车和摩托车，很少开汽车。

君主制国家文莱是世界上非常富有的国家。据说文莱的统治者（被称为苏丹）拥有250亿美元的财富！

文莱
斯里巴加湾市

马来西亚

吉隆坡

新加坡
新加坡

苏门答腊岛

印度洋

马来西亚的沙捞越洞窟可能是世界上最大的洞窟。

马来西亚

加里曼丹岛

印

度

爪哇岛

雅加达

爪哇岛和苏门答腊岛是印度尼西亚的两个重要岛屿。

印度尼西亚的柚木家具很有名，这种家具是由热带树木制成的。

什么是海啸？

海啸也被称为"潮汐波"，可它跟潮汐几乎没什么关系，而与地震息息相关。海底地震产生的巨浪可以传播很长的距离，这些巨浪就是海啸。海啸会冲向海岸，摧毁沿途的一切。太平洋上的许多岛屿都位于火山带的断层线上，因此海啸会更频繁地造访这些地方。

马尼拉

菲律宾

菲律宾首都马尼拉位于吕宋岛，吕宋岛是该国人口最多的岛屿。

太平洋

马来西亚的一部分与大陆相连，另一部分是一个叫作婆罗洲的岛屿。

尼

西

亚

帝力

东帝汶

蒙古是世界上人口密度最低的国家，平均每平方千米只有 2.1 个人左右。

黄河因其底部的黄色泥沙而得名。

几个世纪以来，北京的故宫一直是皇室禁地。直到 20 世纪早期清王朝覆灭后，故宫才对游客敞开大门。

日本被称为"日出之国"，因为每当旭日东升时，掠过太平洋的阳光都会照到这里。

乌兰巴托 ★

蒙古

戈壁沙漠

北京

朝鲜

平壤

首尔

韩国

日本

东京

喜

马

拉

雅

山

脉

中华人民共和国

黄河

太平洋

富士山是一座被白雪覆盖的火山，形同一个完美的圆锥体。许多日本人相信富士山有神性。

中国西南部的竹林是大熊猫的家园。

长江

西江

长城

中国的长城是地球上最大的建筑体。它横跨大半个中国，绵延两万多千米！长城始建于约公元前 221 年，修建它是为了抵御北方游牧民族的攻击。修建长城是一个漫长的过程，前前后后一共修了两千多年才结束。

香港是全球重要的金融中心之一。

上海是中国经济最发达的城市之一。

日本小孩在做约定的时候会用小拇指拉钩。

东亚

什么是地震？

"震"的意思是"摇动"，所以"地震"就是大地在你的脚下"玩摇滚"！地震一般只持续一到两分钟，但在这期间，地动山摇，建筑物有可能倒塌，树木也可能被连根拔起。地震之所以会发生，是因为地球的板块之间发生了相互碰撞或相对滑动。巨大的能量把地面撕出了一条裂缝，这条裂缝名为断层线。当断层线沿线的板块相互运动时，就会引起晃动。

春节

春节是一个长达15天的盛大节日。在春节期间，人们会穿上新衣服，代表喜庆的红色服装特别受欢迎。大人给孩子发红包，孩子们在户外放烟花爆竹，街上还有舞龙和舞狮表演。用来表演的龙和狮身形巨大，它们通常由丝绸和纸张裱糊而成。龙是中国民间故事中人气很高的瑞兽。

汉语中有几千个常用的汉字，而英语只有26个字母！

中国占据了东亚的绝大部分区域，是世界上国土面积第三大的国家。中国拥有世界上最多的人口，全球约五分之一的人都住在这里！其中，大多数人聚居在中国的中部和东部。中国的边境线很长，有14个国家与之接壤。中国还是四大文明古国之一，在过去的几千年中，中国曾在科学和文化方面遥遥领先于欧洲。

朝鲜半岛从中国大陆延伸而出，分成了两个国家。韩国是一个富裕的现代化国家，有着适合种植水稻的平原和河谷。朝鲜有许多绵延的山峦，气候寒冷，农作物大多难以生长。

太平洋上3000多个岛屿组成的多山地带构成了日本独特的地貌。大部分日本人居住在北海道、本州、九州和四国这四个岛屿上。尽管日本的自然资源非常少，但它通过制造计算机和电子产品，成功地将自己打造成了世界强国。日本位于环太平洋火山地震带，三个板块在这里交会碰撞，带来了频繁的台风、地震和海啸。

东亚知多少

主要作物：大米、小麦、水稻、茶叶

主要语言：汉语、日语、韩语

本土节日：春节、清明节、端午节、太阳节、七夕

本土动物：大熊猫、野牦牛、东北虎、藏羚羊、鹤

最受欢迎的运动：乒乓球、排球、射箭、摔跤、武术

最受欢迎的食物：米饭、饺子、泡菜、寿司、拉面

东亚人的发明：冰激凌、火药、丝绸、指南针、印刷术

非洲

非洲大陆似乎就是为了打破世界纪录而存在的:

非洲有多达 54 个国家,在七大洲中首屈一指。

非洲是世界最大的沙漠——撒哈拉沙漠的所在地。撒哈拉沙漠从大西洋一直延伸到红海边。

非洲也是世界最长的河流——尼罗河的故乡。尼罗河由南向北,从乌干达一直流到埃及。

非洲的面积在七大洲中排名第二。从地图上看,非洲几乎就是一座巨型海岛,被大西洋、印度洋、地中海和红海紧紧包围,只有埃及境内小小的西奈半岛毗邻亚洲大陆。奇怪的是,非洲的海岸线是所有大陆中最短的,因为非洲大陆沿岸的海湾和半岛少得可怜。赤道横贯非洲中部,把它分成了三部分:北部是沙漠;南部是一马平川的热带稀树大草原;赤道附近则是热带雨林地区。

人类最早起源于非洲。也就是说,无论你或你的祖父母、曾祖父母出生在哪里,你们的祖先都在非洲。考古学家通过挖掘出的化石,发现数百万年前,在坦桑尼亚和埃塞俄比亚的周边区域,演化出了全人类的始祖。如今,非洲大陆的居民分布在成千上万的种族部落中,每个部落都有自己的语言,所以非洲人说着 1000 多种不同的语言。流利掌握三四种语言对于非洲朋友来说是家常便饭。

非洲有许多人类部落,也有各种各样的动物,这里拥有全世界最多种类的野生动物。你听说过非洲游猎吗?它是指世界各地的人们来到非洲,近距离观察野生动物,包括狮子、猎豹、瞪羚、斑马、犀牛、大象等。然而,狩猎活动也随着人流量与日俱增,这使得非洲变成了濒危动物最多的大陆。如今,保护濒临灭绝的野生动物已经成了至关重要的大事。

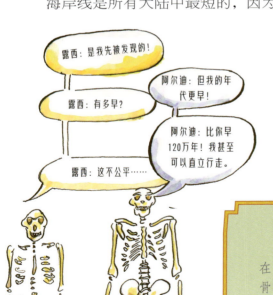

露西:是我先被发现的!

露西:有多早?

阿尔迪:但我的年代更早!

阿尔迪:比你早120万年!我甚至可以直立行走。

露西:这不公平……

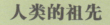

人类的祖先

在埃塞俄比亚的阿法尔沙漠中,科学家发现了一些骨骼化石,他们认为这些化石源于第一批人类的始祖。这些类人猿化石最早可以追溯到大约 400 万年前。科学家将这些化石命名为"露西"和"阿尔迪"。它们有助于科学家更好地了解人类是如何随着时间的推移而演化和发展的,这对于研究人类进化史来说非常重要。

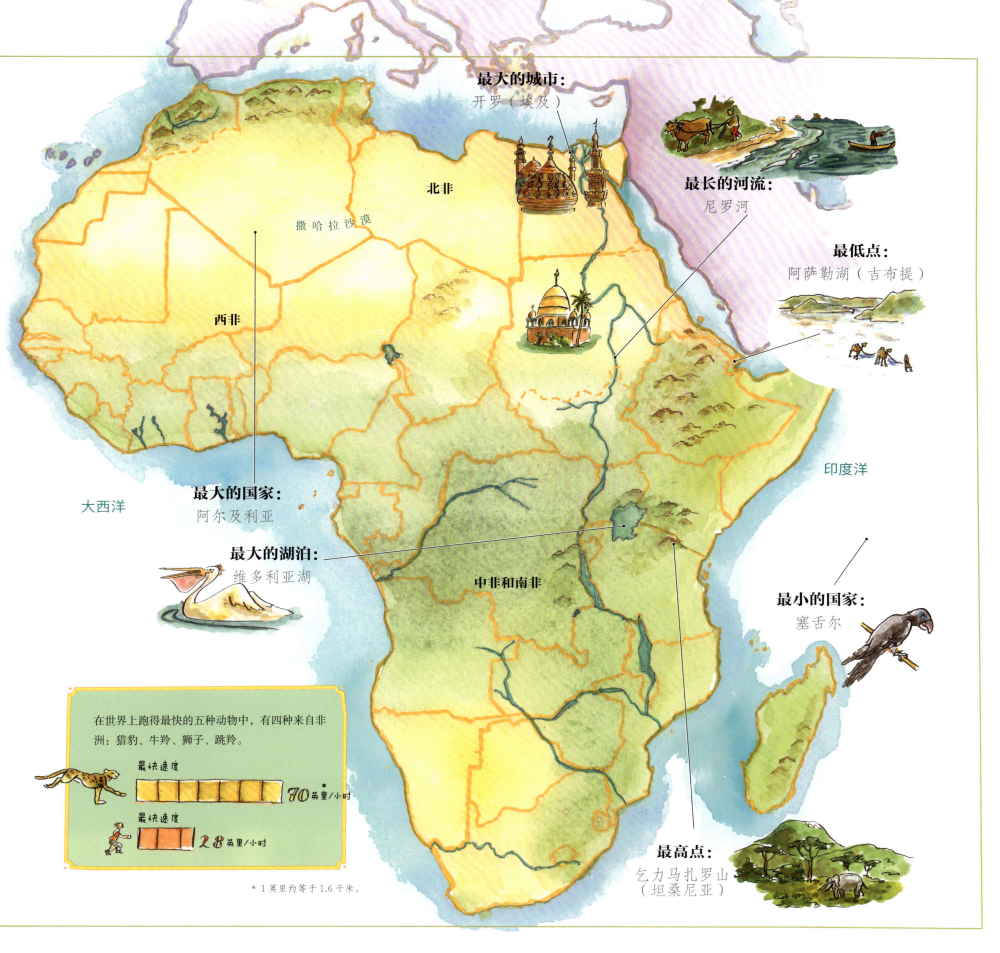

最大的城市：
开罗（埃及）

最长的河流：
尼罗河

最低点：
阿萨勒湖（吉布提）

北非

撒哈拉沙漠

西非

大西洋

最大的国家：
阿尔及利亚

最大的湖泊：
维多利亚湖

中非和南非

印度洋

最小的国家：
塞舌尔

在世界上跑得最快的五种动物中，有四种来自非洲：猎豹、牛羚、狮子、跳羚。

最快速度

70 英里/小时 *

最快速度

28 英里/小时

最高点：
乞力马扎罗山
（坦桑尼亚）

* 1英里约等于1.6千米。

北非有一些著名的露天市场，它们通常在狭窄蜿蜒的街道上。在市场中，人们与商贩讨价还价，购买当地的工艺品、地毯、食品、纺织物和珠宝。

马拉喀什有一个大型露天市场。

位于摩洛哥的非斯是一个古城，那里保留了许多古塔和宫殿。

欧洲

"死亡之城"是开罗的一座古老的公墓。如今，由于城市太拥挤了，有些人就住在墓地，睡在墓碑上方。

狮身人面像（"斯芬克斯"）是沙漠中的一座古代石像，位于开罗附近的吉萨高原上，它的外形结合了狮子的身躯和人的脸庞。

亚洲

苏伊士运河连接了红海和地中海，给船只提供了一条从欧洲到印度洋的捷径。

地中海

阿尔及尔　　突尼斯

拉巴特　阿特拉斯山脉　突尼斯

的黎波里

开罗

摩洛哥

阿尔及利亚

利比亚

埃及

尼罗河

红海

西撒哈拉

撒哈拉沙漠

吉布提的农田极少，大部分土地都是炎热的沙漠。

在尼罗河上乘坐三桅帆船，已经成了尼罗河重要的旅行项目。

喀土穆　　阿斯马拉　　厄立特里亚

吉布提
吉布提

苏丹

埃塞俄比亚

亚的斯亚贝巴

南苏丹

索马里

朱巴

摩加迪沙

北非知多少

主要作物：椰枣、无花果、葡萄、橄榄、软木、柑橘、咖啡

主要语言：阿拉伯语、法语

本土节日：开斋节、闻风节、古尔邦节

本土动物：骆驼、野山羊、沙漠狐狸、跳鼠、大角野绵羊

最受欢迎的运动：足球

最受欢迎的食物：甜薄荷茶、沙威玛（类似肉夹馍）、炸鱼、烤鸽

北非人的发明：黑墨、犁、牙膏

埃塞俄比亚首都亚的斯亚贝巴是一个巨大的城市，但它却没有足够的住房容纳城市居民，成千上万的儿童被迫露宿街头。

Black

北非

撒哈拉沙漠占据了整个北非大陆，其面积和美国差不多大。撒哈拉沙漠的地貌并非都是沙漠，它还有石漠、砾漠等地貌类型。撒哈拉沙漠白天气温很高，晚上又极冷，每年的降雨量不到 250 毫米，但在利比亚和埃及还有一些绿洲，因此这里发展出了一些城镇。所谓绿洲，就是沙漠中地下水上升所形成的绿地。

几百年来，撒哈拉沙漠把北非和非洲大陆的其他地方分隔开来。（要穿过这个酷热的大沙漠实在是太令人痛苦了！）所以，古代的北非人主要和来自亚洲的人们进行贸易，阿拉伯语也就成了北非的主要语言，北非的文化也深受阿拉伯文化的影响，埃及、利比亚和突尼斯甚至经常被归为中东国家。古埃及文明是世界上最古老的文明之一。古埃及人为法老建造的金字塔至今仍然矗立在沙漠中，吸引着众多游客。其中，最大的金字塔由 200 多万块砖砌成，每块砖重达 2.5 吨！

非洲东部（埃塞俄比亚、厄立特里亚、吉布提和索马里）被称为"非洲之角"，因为它看起来像伸入印度洋的犀牛角。大多数住在这里的人都是贝都因人。这个地区气候非常干旱，常年少雨，因此，庄稼和动物也很难存活，不少人没有足够的食物，过着忍饥挨饿的生活。

开斋节

开斋节标志着伊斯兰教斋月的结束。在斋月期间，穆斯林（信仰伊斯兰教的人）在日出和日落之间不吃不喝，以表达对神明的敬意。当斋月结束时，人们会举办为期三天的开斋节庆祝活动，内容包括家庭聚餐、交换礼物、为穷人捐钱等。

"撒哈拉"在阿拉伯语中的意思是"沙漠"，所以撒哈拉沙漠是无边无际的"沙漠沙漠"。

缺水！缺水！

你能想象为了得到一杯水要走 8 小时的路吗？许多非洲孩子就不得不这样做。水资源匮乏是非洲非常严重的问题。大约只有一半的非洲人能得到干净的饮用水，而且他们为了取水，通常都要走很远很远的路。还有很多非洲人好不容易找到水时，水却已经被污染了，饮用这些水的人也因此生病。与水有关的疾病是导致非洲人死亡的罪魁祸首。世界各地有许多组织在努力为非洲大陆提供清洁的可用水。

西非

大西洋

西非的地貌类型丰富，从北往南依次是沙漠、热带稀树大草原、热带雨林，生物群落也随之变化。西非位于"非洲的凸起部分"，这里的地势很高，一直延伸到大西洋边缘。

西非是一个工业化程度很低的地区，这里盛产可可、棕榈油、咖啡和花生。木材业曾经是一项兴盛的产业，可随着大量树木被砍伐，留下的森林少之又少。数百个不同的部落生活在这里，在过去的几十年里，部落之间争权夺利，残酷的战争不断。战争加剧了贫困，许多孩子因此无法上学。

殖民主义是什么？

殖民地是指被强大的国家侵占的国家和地区，非洲就曾经遭遇过这样的侵占。19世纪，许多欧洲国家（英国、法国、葡萄牙、西班牙、比利时、德国、荷兰和意大利等）的殖民者来到非洲，看中了这里能提供的财富。非洲盛产的钻石、黄金、象牙和咖啡是欧洲人梦寐以求的东西。这些欧洲国家争相在非洲宣布土地的主权，并在地图上划定了边界，而这些边界完全不是按照在非洲生活了几个世纪的部落的边界划分的，不少部落被划分到了不同的国家。欧洲人给他们的殖民地起了非常欧洲化的名字，直到20世纪50年代和60年代，非洲国家才逐渐获得独立，并重新为自己命名。

1914

- 意大利
- 葡萄牙
- 西班牙

- 比利时
- 法国
- 德国
- 英国
- 独立地区

花生生长在地下。在非洲，它们被称为落花生。

达喀尔是非洲最西端的城市。

西非知多少

主要作物：咖啡、可可、橡胶、棉花、甘薯

本土动物：鳄鱼、猴子、海牛、河马

主要语言：阿拉伯语、法语、英语

本土节日：猎鹿节、非洲解放日、开斋节、非洲儿童节

最受欢迎的运动：足球

最受欢迎的食物：木薯、花生炖肉、辣椒炖肉饭

几内亚盛产铝土矿，它是可用于提炼铝的矿物。

西非被称作"黄金海岸"和"象牙海岸"，因为所有来自非洲的黄金和象牙（大象的獠牙）都会在这里进行交易。

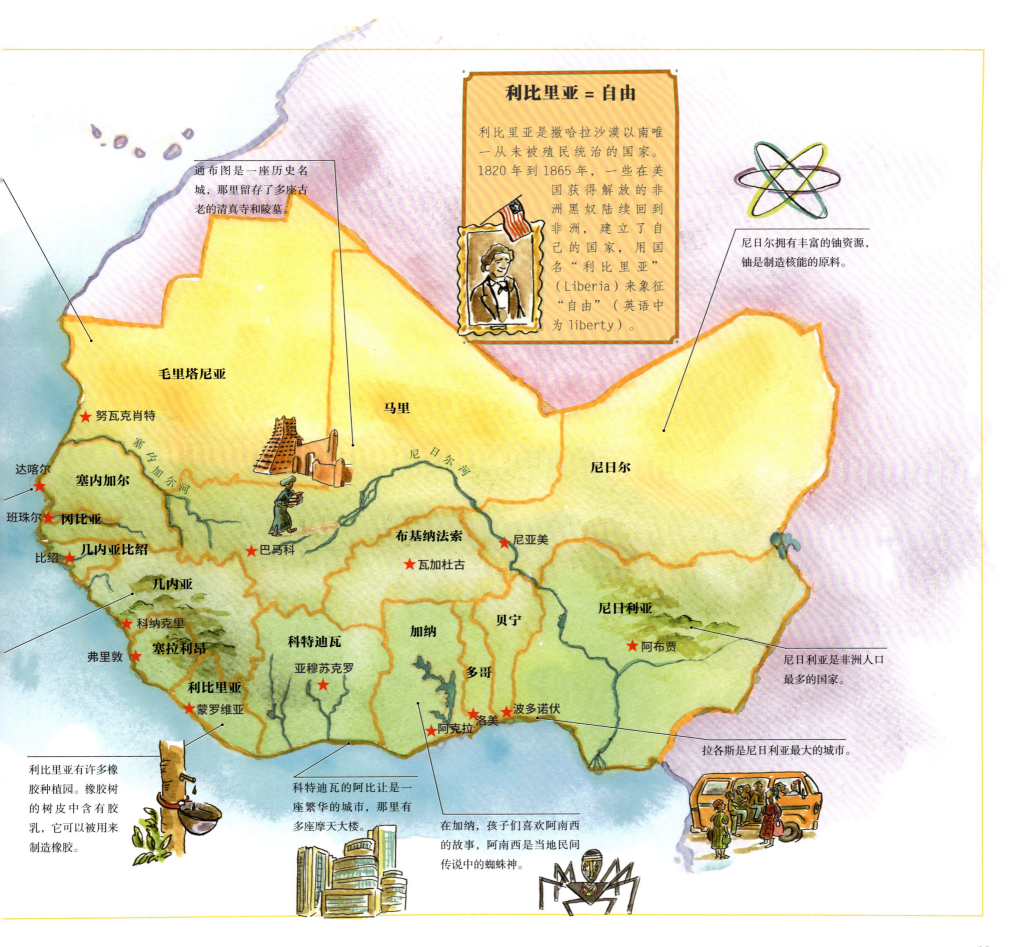

利比里亚 = 自由

利比里亚是撒哈拉沙漠以南唯一从未被殖民统治的国家。1820 年到 1865 年，一些在美国获得解放的非洲黑奴陆续回到非洲，建立了自己的国家，用国名"利比里亚"（Liberia）来象征"自由"（英语中为 liberty）。

通布图是一座历史名城，那里留存了多座古老的清真寺和陵墓。

尼日尔拥有丰富的铀资源，铀是制造核能的原料。

毛里塔尼亚

努瓦克肖特

马里

尼日尔

达喀尔

塞内加尔

班珠尔　冈比亚

比绍　几内亚比绍

巴马科

布基纳法索

尼亚美

瓦加杜古

尼日利亚

几内亚

科纳克里

塞拉利昂

科特迪瓦

加纳

贝宁

多哥

阿布贾

弗里敦

亚穆苏克罗

利比里亚

蒙罗维亚

阿克拉

洛美　波多诺伏

尼日利亚是非洲人口最多的国家。

塞内加尔河

尼日尔河

利比里亚有许多橡胶种植园。橡胶树的树皮中含有胶乳，它可以被用来制造橡胶。

科特迪瓦的阿比让是一座繁华的城市，那里有多座摩天大楼。

在加纳，孩子们喜欢阿南西的故事，阿南西是当地民间传说中的蜘蛛神。

拉各斯是尼日利亚最大的城市。

85

非洲中部和南部

非洲中部和南部又被称为撒哈拉以南非洲。在这里，东非大裂谷纵贯埃塞俄比亚至莫桑比克的非洲东海岸，它是地球上的一条巨大裂缝，因数百万年前地表下的两个构造板块分离而形成。东非大裂谷由一系列深谷组成，裂谷两边分布着广阔的热带稀树草原和宽阔的湖泊。乞力马扎罗山是非洲最高的山，位于东非大裂谷地带。非洲中南部的热带稀树草原上有许多野生动物，这里的大片地区已经成为野生动物保护区，比如坦桑尼亚的塞伦盖蒂保护区和肯尼亚的马赛马拉保护区。

非洲最南端有两个大沙漠——卡拉哈迪沙漠和纳米布沙漠。卡拉哈迪是桑人（布希族）部落的家园，桑人部落仍然依靠狩猎和采集为生，这样的原始部落已经很少了。"纳米布"的意思是"虚无之地"，在纳米布沙漠上有巨大的红色沙丘。非洲中南部的大部分地区都是农村地区，那里的人们在村庄里饲养牲畜，他们也种植粮食，不过，收成只能糊口。但是，位于非洲南端的博茨瓦纳和津巴布韦情况有所不同。它们拥有丰富的钻石矿和金矿，在非洲属于非常富有的国家。

马达加斯加

马达加斯加岛是一个与南非海岸隔海相望的岛屿。马达加斯加岛上生活着一些珍稀的动植物，比如狐猴和特殊种类的兰花。另外，世界上约一半的香草（它是香草冰激凌重要的组成部分）都来自这个岛。

非洲中南部知多少

主要作物：花生、茶叶、咖啡、木薯、甘薯、椰子

本土动物：鸵鸟、狮子、长颈鹿、猎豹

主要语言：斯瓦希里语、法语、英语、葡萄牙语、南非语

本土节日：恩克瓦拉节（赞比亚丰收节）、肯雅塔日、劳动节、国际妇女节

最受欢迎的运动：足球、板球、橄榄球

最受欢迎的食物：乌咖喱、南非烤肉、豌豆面包

非洲中南部人的发明：游泳池吸污设备、心脏移植术

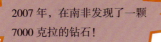

2007 年，在南非发现了一颗 7000 克拉的钻石！

从偷猎到灭绝

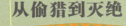

偷猎指的是非法捕杀野生动物。在非洲，这已经是一个非常严峻的问题。非洲中南部的森林和热带稀树大草原曾经生活着许多大型野生动物，然而在 20 世纪七八十年代，大量偷猎团伙进入非洲。他们猎杀大象以获取象牙，猎杀狮子和猎豹以获取兽皮，猎杀犀牛以获取犀牛角，他们甚至还猎杀大猩猩，将大猩猩的头颅和手臂作为战利品。到 20 世纪 80 年代末，超过 80 万头大象被杀害，犀牛数量减少了约 83%，大猩猩的数量只有过去的一半左右，山地大猩猩只剩下 700 只左右。科学家预测，如果偷猎继续下去，许多非洲动物将在 15 年内灭绝！你能想象一个没有大象、没有狮子、没有大猩猩的非洲吗？要想杜绝偷猎行为，人们必须停止购买象牙制品、猎奇野味和兽皮交易，这是我们所有人的责任。

注意：这片保护区在巡查范围内

喀麦隆是非洲足球强国之一。

卢旺达是山地大猩猩的家园。

坎帕拉每年大约有240天都会下雨。

内罗毕是观赏野生动物大迁徙的好地方。

丁香是一种香料，坦桑尼亚的桑给巴尔岛是世界上最大的丁香种植地之一。

赞比亚和津巴布韦边境处的维多利亚瀑布是一个著名的大瀑布。

马拉维湖里生活着种类繁多的鱼。

在纳米布沙漠和大西洋之间，有一个骷髅海岸。在这里，多雾的海滩上散落着鲸和海豹的尸骨，还有一些沉船残骸不断被海浪冲刷着。

莫桑比克盛产腰果，被誉为"腰果王国"。

桌山位于南非最南端的城市开普敦，它看起来就像一张桌子！（这座山以形状命名是不是很有趣？）

乍得

恩贾梅纳

中非

班吉

喀麦隆
马拉博
赤道几内亚
雅温得

圣多美和普林西比
圣多美
利伯维尔
刚果
加蓬
布拉柴维尔
金沙萨

刚果河

刚果民主共和国

乌干达
坎帕拉

肯尼亚
内罗毕

基加利
卢旺达
布隆迪
布琼布拉

乞力马扎罗山

多多马
坦桑尼亚

罗安达

安哥拉
赞比亚
卢萨卡

马拉维
利隆圭

莫罗尼
科摩罗

赞比西河

哈拉雷
津巴布韦

卡拉哈迪沙漠

纳米比亚
温得和克

博茨瓦纳
哈博罗内

莫桑比克

马普托
姆巴巴内
斯威士兰

比勒陀利亚
姆塞卢

南非
莱索托
马塞卢

德拉肯斯山脉

开普敦

塔那那利佛

马达加斯加

大西洋

印度洋

纳米布沙漠

87

澳大利亚

澳大利亚是个岛

澳大利亚是一座被印度洋和太平洋包围的"岛"。它是世界上最大的岛，也是最小的大陆，还是唯一只有一个国家的大陆。澳大利亚有个别称——"脚下的土地"，这是因为它完全位于南半球，纬度远高于赤道纬度。

大洋洲是南太平洋上大约 25 000 个岛屿的合称。除了澳大利亚外，最大的岛是新西兰的南岛和北岛以及新几内亚岛。

澳大利亚奇特的地形

澳大利亚是世界上地势最平坦、气候最干燥的国家。它被分为六个州：新南威尔士州、昆士兰州、南澳大利亚州、塔斯马尼亚州、维多利亚州和西澳大利亚州。澳大利亚原住民已经在这里生活了大约 4.5 万年。荷兰人是欧洲探险家中最先踏足澳大利亚的，他们从西边登陆后，只走过了澳大利亚西部、北部和南部干燥的平原，还没来得及发现气候潮湿、山脉众多的东部，就打道回府了。而英国人进行了更深入的探索，在 18—19 世纪，英国人曾经把他们的囚犯（以及其他一些他们不喜欢的人）运送至此，澳大利亚在那时就像一个巨大的流动监狱。19 世纪初期，英国人将这片土地命名为"澳大利亚"，这个词来自拉丁语，意思是"南方"。

澳大利亚之最

最高点
科修斯克山

最低点
艾尔湖

最长的河
墨累河

最大的湖
艾尔湖

最大的城市
悉尼

大堡礁

大堡礁位于澳大利亚东北部海岸，绵延 2000 多千米，是世界上最长的珊瑚礁。它是世界上最大的生命结构体，也比任何人造建筑物都大，包括最高的摩天大楼。你甚至可以在太空看到它！

大堡礁是全世界近三分之一海洋生物的家园，它拥有 1000 多种鱼类、几百种珊瑚，还有众多其他海洋生物。因此，珊瑚礁被称为"海洋雨林"，意思是它和雨林一样拥有众多生物。

很多人以为珊瑚是一种植物。不对！珊瑚是一种名为珊瑚虫的动物，珊瑚虫有点像水母，它有柔软的身体、胃和触须。

珊瑚虫利用海水中的矿物质在自身周围生成石灰质骨骼，它们过着拥挤的群居生活，你可以把它们想象成下课时挤在学校走廊上的同学们，相互间没什么距离。在珊瑚虫长大的过程中，它们会不断将新骨骼搭建在老骨骼之上，数以百万计的骨骼堆积起来，就形成了一块暗礁。珊瑚礁的形成就是这样一个聚沙成塔的缓慢过程。

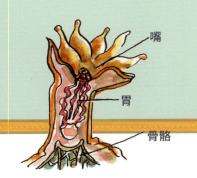

嘴

胃

骨骼

艾丽斯斯普林斯位于澳大利亚内陆红土大地的中心，这里有许多奇形怪状的红色岩石。

约克角半岛被称为"最荒芜的荒野"。

印度洋

珊瑚海

布里斯班附近有很多冲浪胜地。

艾尔斯岩是世界上最大的单体岩石。澳大利亚原住民认为它是一处神址，他们称它为"乌鲁鲁"。

大堡礁

哈默斯利岭

澳大利亚

大分水岭

墨累河

达令河

澳大利亚山脉

堪培拉

悉尼是澳大利亚最大、历史最悠久的城市，悉尼歌剧院和悉尼海港大桥都是举世闻名的建筑。

墨尔本是澳大利亚第二大城市，这里的人们十分热爱运动，澳大利亚网球公开赛和澳式足球联盟总决赛都在这里举行。

澳大利亚是世界上爬行动物种类最多的国家。

塔斯马尼亚是澳大利亚东南海岸之外的一个岛屿，岛上有许多枝繁叶茂的古木，还生活着一种有名的动物——袋獾。它们体形小巧，浑身毛茸茸的，但是叫声很可怕，被称为"塔斯马尼亚恶魔"。

塔斯曼海

大分水岭是位于澳大利亚东海岸的绵长山脉，它将东部的低地和中部的高原隔开，澳大利亚的大部分降水都集中在这里。这一带的土地十分肥沃，既适合耕种，又适合放牧，因此澳大利亚的绵羊养殖数量位居全球第一（羊毛衫的产量也最多）。大分水岭周边地区也是人口和城市密集的区域。大自流盆地位于大分水岭以西，这里有承压水，也就是自动冒出地面的地下水，因此提供了充足的牛羊饮用水源，这为澳大利亚发展畜牧业奠定了良好的基础。

澳大利亚从中部到西海岸的地区（约占澳大利亚面积的三分之一）大都是干燥的荒漠。这一区域在群山和河流的背侧，被人们称为"内陆"。这里人迹罕至，强风侵蚀了许多红色的沙漠岩石，使这些岩石变成了圆柱状或穹顶状，景象十分壮观。

在澳大利亚和新西兰，大型绵羊农场被称为"牧羊场"。

大洋洲知多少

主要作物：桉树、小麦

主要语言：英语（但有超过 250 种土著语言）

本土节日：澳大利亚日、澳新军团日、女王生日

本土动物：袋鼠、考拉、袋熊、鸸鹋、鸭嘴兽

最受欢迎的运动：冲浪、橄榄球、网球、板球、澳式足球

最受欢迎的食物：肉派、维吉麦酱、澳新军团饼干

大洋洲人的发明：回力镖、蹦极、人工耳蜗

詹姆斯·库克和南太平洋

在 18 世纪，欧洲人以为南太平洋中只有一块庞大的大陆——"南部大陆"，对其他所有的岛屿一无所知。英国人詹姆斯·库克揭开了这层迷雾。从 1768 年到 1779 年，他在太平洋上航行了三次，以英国的名义对澳大利亚宣示了主权。他发现澳大利亚、新西兰和所罗门群岛都是彼此并不相连的陆地。在航行途中，库克绘制了大量地图，填补了世界地图的许多空白。库克和他的船员也是第一批见过袋鼠的欧洲人，他们被袋鼠弄得一头雾水，还对它到底属于什么物种展开了争论。在第二次航行中，库克一路航行到南极洲附近，他和船员们意识到这是南方的另一块大陆，但因为那里有巨大的冰山，他们不得不折返。

大洋洲其他国家

别忘了大洋洲的其他国家……

新西兰由两个大岛和一群小岛组成，它位于澳大利亚的东南方，其南岛多山，北岛多火山。新西兰是畜牧业大国，在那里，羊的数量曾经是人口数量的10倍。

大洋洲的其他岛屿被分成三组：美拉尼西亚岛群、密克罗尼西亚岛群和波利尼西亚岛群。

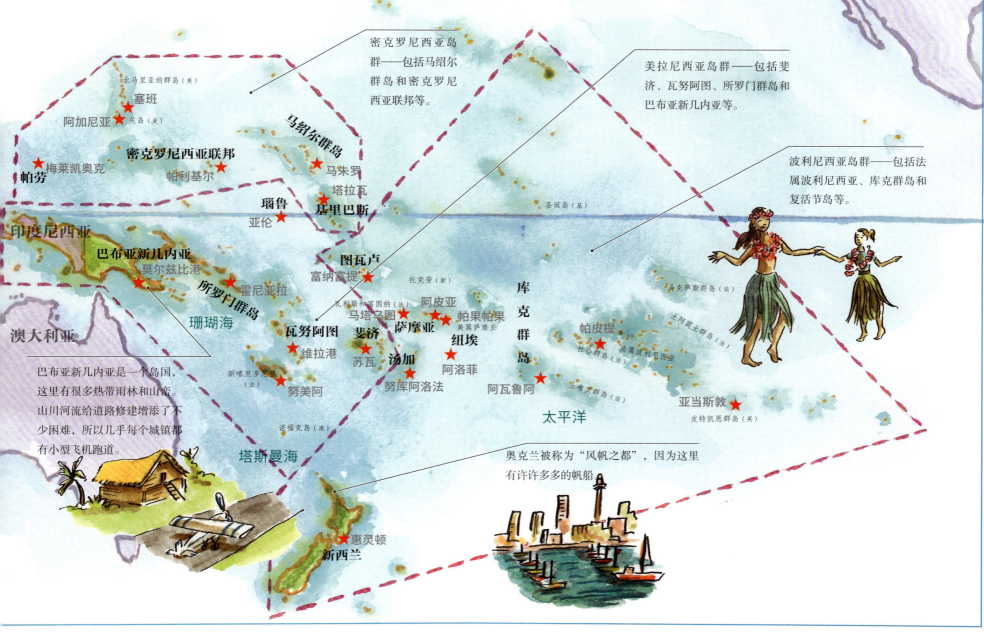

密克罗尼西亚岛群——包括马绍尔群岛和密克罗尼西亚联邦等。

美拉尼西亚岛群——包括斐济、瓦努阿图、所罗门群岛和巴布亚新几内亚等。

波利尼西亚岛群——包括法属波利尼西亚、库克群岛和复活节岛等。

北美洲

北马里亚纳群岛（美）

塞班

阿加尼亚 关岛（美）

帕劳 梅莱凯奥克

密克罗尼西亚联邦

帕利基尔

马绍尔群岛

马朱罗

塔拉瓦

瑙鲁

亚伦

基里巴斯

圣诞岛（基）

马克萨斯群岛（法）

印度尼西亚

巴布亚新几内亚

莫尔兹比港

所罗门群岛

霍尼亚拉

珊瑚海

图瓦卢

富纳富提

托克劳（新）

瓦利斯和富图纳（法）

马塔乌图

阿皮亚

萨摩亚

美属萨摩亚

帕果帕果

纽埃

阿洛菲

库克群岛

帕皮提

土阿莫土群岛（法）

社会群岛（法）

法属波利尼西亚

澳大利亚

巴布亚新几内亚是一个岛国，这里有很多热带雨林和山峦。山川河流给道路修建增添了不少困难，所以几乎每个城镇都有小型飞机跑道。

新喀里多尼亚（法）

瓦努阿图 维拉港

斐济

苏瓦

汤加

努库阿洛法

南方群岛（法）

阿瓦鲁阿

亚当斯敦

皮特凯恩群岛（美）

努美阿

诺福克岛（澳）

塔斯曼海

太平洋

奥克兰被称为"风帆之都"，因为这里有许许多多的帆船

惠灵顿

新西兰

91

南极洲和北极地区

南极洲很冷，冷到几乎能把手指头冻掉，冷到吹口气瞬间就会结冰，冷到冬天气温低至零下87℃。它是地球上最寒冷、最干燥、最常刮风的地方。因此，即使南极洲的面积在七大洲中排名第五，也没什么人住在那里。南极洲没有花花草草，也没有大型哺乳动物，只有冰，一望无际的冰。厚达5千米的冰层覆盖着这块大陆，形成了广阔的冰原，它的历史可以追溯到1400多万年前。冰是由淡水构成的，南极洲的冰层里存储了世界上约四分之三的淡水。

"南极"（Antarctica）在英文中的字面意思是"北极（Arctic）的反面"——确实是这样。南极洲的中心是南极点。南极洲极少下雨或下雪，从这一点来看，它和沙漠有些相似。南极洲广袤无垠且极度寒冷，所以它是最晚被探索的大陆。其实，细究起来，南极洲确实是唯一被"找到"的大陆，在欧洲探险者到达之前，那里连一个原住民都没有。

极端最低气温： −88.3℃

国家数量： 0

非洲

南美洲

最高点： 文森峰

南极洲

大洋洲

本土动物： 帝企鹅、海豹、鲸、磷虾

谁先到南极点谁赢！

1911年，挪威人罗阿尔德·阿蒙森和英国人罗伯特·斯科特都想成为第一个到达南极点的探险家。阿蒙森在南极洲的一边扎营，斯科特则在另一边扎营，结果阿蒙森的营地离南极点更近，所以他的起跑线较为领先。此外，阿蒙森做了一些明智的选择：穿着因纽特人的衣服，还像因纽特人那样选用雪橇犬来拉雪橇。相比之下，斯科特选用的小马则没能挺过极地的严寒。最终，阿蒙森比斯科特提前一个月抵达南极点。斯科特和他的团队在返回途中遭遇恶劣的天气，最终因为冻伤和饥饿而丧了命。

北极熊的家在北极地区，南极洲可没有它们的身影。企鹅生活在南极洲，在北极地区可见不着它们。

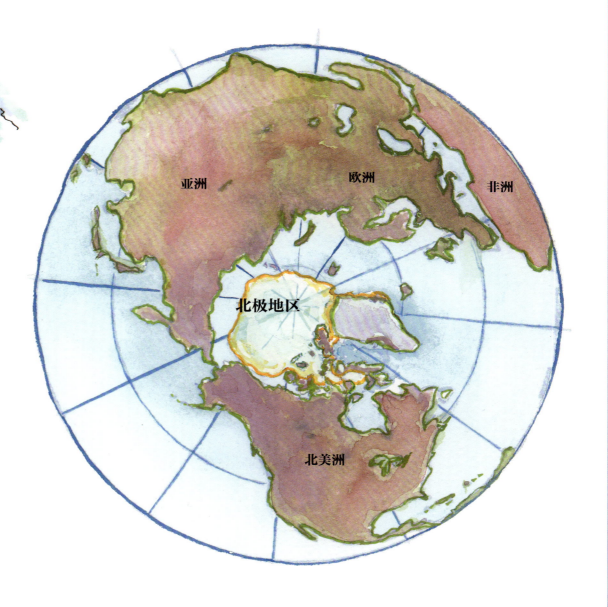

北极地区有人住吗？

南极洲是一块大陆，北极地区则是一片海洋。北极点位于北冰洋的一个巨大冰块之上。北极地区同样天寒地冻，只比南极洲的气温稍微高一点，但也没有人会疯狂到去北极地区居住。科学家也在研究北极，但他们还没有在北极点附近建成永久性的研究站。为什么？因为在一块浮动的冰面上建房子太难了！

南极洲属于谁？

属于你？属于我？也许是，也许不是。南极洲不属于任何一个国家，也不归任何国家管理。一项国际条约规定，这片大陆只能用于科学研究。约有 30 个国家在南极洲建立了科学考察站或研究基地，但没有人一直在南极洲生活。科学家在这里的主要工作是研究极地气候、野生动植物和地质特征。但到了冬天，科学家们大多会回到自己的国家。南极洲的冬季是 5 月到 9 月，这期间整个南极洲都被极夜的黑暗和呼啸的狂风所淹没。

亚洲　　欧洲　　非洲

北极地区

北美洲

世界各国国名、首都一览表

亚洲

国名	首都
中华人民共和国	◎北京
蒙古	◎乌兰巴托
日本	◎东京
朝鲜	◎平壤
韩国	◎首尔
越南	◎河内
老挝	◎万象
柬埔寨	◎金边
缅甸	◎内比都
泰国	◎曼谷
马来西亚	◎吉隆坡
文莱	◎斯里巴加湾市
新加坡	◎新加坡
印度尼西亚	◎雅加达
东帝汶	◎帝力
菲律宾	◎马尼拉
尼泊尔	◎加德满都
不丹	◎廷布
印度	◎新德里
斯里兰卡	◎科伦坡
马尔代夫	◎马累
孟加拉国	◎达卡
巴基斯坦	◎伊斯兰堡
阿富汗	◎喀布尔
哈萨克斯坦	◎努尔苏丹
吉尔吉斯斯坦	◎比什凯克
塔吉克斯坦	◎杜尚别
土库曼斯坦	◎阿什哈巴德
乌兹别克斯坦	◎塔什干
伊朗	◎德黑兰
格鲁吉亚	◎第比利斯
亚美尼亚	◎埃里温
阿塞拜疆	◎巴库
伊拉克	◎巴格达
科威特	◎科威特城
沙特阿拉伯	◎利雅得
阿曼	◎马斯喀特
也门	◎萨那
巴林	◎麦纳麦
卡塔尔	◎多哈
阿拉伯联合酋长国	◎阿布扎比
叙利亚	◎大马士革
黎巴嫩	◎贝鲁特
塞浦路斯	◎尼科西亚
约旦	◎安曼
巴勒斯坦	
以色列	
土耳其	◎安卡拉

注：巴勒斯坦、以色列的首都有争议，故未列出。

欧洲

国名	首都
挪威	◎奥斯陆
瑞典	◎斯德哥尔摩
丹麦	◎哥本哈根
芬兰	◎赫尔辛基
冰岛	◎雷克雅未克
爱沙尼亚	◎塔林
拉脱维亚	◎里加
立陶宛	◎维尔纽斯
白俄罗斯	◎明斯克
乌克兰	◎基辅
摩尔多瓦	◎基希讷乌
俄罗斯	◎莫斯科
德国	◎柏林
波兰	◎华沙
捷克	◎布拉格
斯洛伐克	◎布拉迪斯拉发
匈牙利	◎布达佩斯
罗马尼亚	◎布加勒斯特
保加利亚	◎索非亚
斯洛文尼亚	◎卢布尔雅那
克罗地亚	◎萨格勒布
波斯尼亚和黑塞哥维那	◎萨拉热窝
塞尔维亚	◎贝尔格莱德
黑山	◎波德戈里察
北马其顿	◎斯科普里
希腊	◎雅典
阿尔巴尼亚	◎地拉那
英国	◎伦敦
爱尔兰	◎都柏林
荷兰	◎阿姆斯特丹
比利时	◎布鲁塞尔
卢森堡	◎卢森堡
法国	◎巴黎
摩纳哥	◎摩纳哥
西班牙	◎马德里
葡萄牙	◎里斯本
安道尔	◎安道尔
瑞士	◎伯尔尼
列支敦士登	◎瓦杜兹
奥地利	◎维也纳
意大利	◎罗马
圣马力诺	◎圣马力诺
梵蒂冈	◎梵蒂冈城
马耳他	◎瓦莱塔

非洲

国名	首都
埃及	◎开罗
利比亚	◎的黎波里
阿尔及利亚	◎阿尔及尔
摩洛哥	◎拉巴特
突尼斯	◎突尼斯
毛里塔尼亚	◎努瓦克肖特
马里	◎巴马科
塞内加尔	◎达喀尔
冈比亚	◎班珠尔

布基纳法索	◎瓦加杜古	斯威士兰	◎姆巴巴内	多米尼克	◎罗索
佛得角	◎普拉亚	莱索托	◎马塞卢	圣卢西亚	◎卡斯特里
几内亚比绍	◎比绍			圣文森特和格林纳丁斯	◎金斯敦
几内亚	◎科纳克里			巴巴多斯	◎布里奇敦
塞拉利昂	◎弗里敦			格林纳达	◎圣乔治
利比里亚	◎蒙罗维亚			特立尼达和多巴哥	◎西班牙港

大洋洲

科特迪瓦	◎亚穆苏克罗	澳大利亚	◎堪培拉
加纳	◎阿克拉	新西兰	◎惠灵顿

南美洲

多哥	◎洛美	巴布亚新几内亚	◎莫尔兹比港
贝宁	◎波多诺伏	所罗门群岛	◎霍尼亚拉
尼日尔	◎尼亚美	瑙鲁	◎亚伦	哥伦比亚	◎波哥大
尼日利亚	◎阿布贾	基里巴斯	◎塔拉瓦	委内瑞拉	◎加拉加斯
喀麦隆	◎雅温得	图瓦卢	◎富纳富提	秘鲁	◎利马
赤道几内亚	◎马拉博	瓦努阿图	◎维拉港	厄瓜多尔	◎基多
圣多美和普林西比	◎圣多美	斐济	◎苏瓦	玻利维亚	◎苏克雷
乍得	◎恩贾梅纳	萨摩亚	◎阿皮亚	巴拉圭	◎亚松森
中非	◎班吉	汤加	◎努库阿洛法	圭亚那	◎乔治敦
苏丹	◎喀土穆	马绍尔群岛	◎马朱罗	苏里南	◎帕拉马里博
南苏丹	◎朱巴	密克罗尼西亚联邦	◎帕利基尔	巴西	◎巴西利亚
刚果	◎布拉柴维尔	帕劳	◎梅莱凯奥克	智利	◎圣地亚哥
刚果民主共和国	◎金沙萨	纽埃	◎阿洛菲	阿根廷	◎布宜诺斯艾利斯
加蓬	◎利伯维尔	库克群岛	◎阿瓦鲁阿	乌拉圭	◎蒙得维的亚
埃塞俄比亚	◎亚的斯亚贝巴				
厄立特里亚	◎阿斯马拉				

北美洲

吉布提	◎吉布提		
索马里	◎摩加迪沙	加拿大	◎渥太华
肯尼亚	◎内罗毕	美国	◎华盛顿
乌干达	◎坎帕拉	墨西哥	◎墨西哥城
坦桑尼亚	◎多多马	危地马拉	◎危地马拉
卢旺达	◎基加利	伯利兹	◎贝尔莫潘
布隆迪	◎布琼布拉	洪都拉斯	◎特古西加尔巴
安哥拉	◎罗安达	萨尔瓦多	◎圣萨尔瓦多
赞比亚	◎卢萨卡	尼加拉瓜	◎马那瓜
马拉维	◎利隆圭	哥斯达黎加	◎圣何塞
莫桑比克	◎马普托	巴拿马	◎巴拿马城
科摩罗	◎莫罗尼	巴哈马	◎拿骚
塞舌尔	◎维多利亚	古巴	◎哈瓦那
马达加斯加	◎塔那那利佛	牙买加	◎金斯敦
毛里求斯	◎路易港	海地	◎太子港
纳米比亚	◎温得和克	多米尼加	◎圣多明各
博茨瓦纳	◎哈博罗内	圣基茨和尼维斯	◎巴斯特尔
津巴布韦	◎哈拉雷	安提瓜和巴布达	◎圣约翰
南非	◎比勒陀利亚		

95